高等职业教育“十三五”创新型规划教材

基础会计实训教程

主　编　申　艳
副主编　尚　萍　徐晓艳　韩雪娇
参　编　高华蕾　韩　娜　裴容玉
毛新杰　丁明健
主　审　田　宏

北京理工大学出版社
BEIJING INSTITUTE OF TECHNOLOGY PRESS

图书在版编目（CIP）数据

基础会计实训教程 / 申艳主编. — 北京：北京理工大学出版社，2019. 2
ISBN 978 - 7 - 5682 - 6653 - 6

Ⅰ. ①基… Ⅱ. ①申… Ⅲ. ①会计学—教材 Ⅳ. ①F230

中国版本图书馆 CIP 数据核字（2019）第 012049 号

出版发行 / 北京理工大学出版社有限责任公司
社 址 / 北京市海淀区中关村南大街 5 号
邮 编 / 100081
电 话 /（010）68914775（总编室）
（010）82562903（教材售后服务热线）
（010）68948351（其他图书服务热线）
网 址 / http：//www. bitpress. com. cn
经 销 / 全国各地新华书店
印 刷 / 涿州市新华印刷有限公司
开 本 / 710 毫米 ×1000 毫米 1/16
印 张 / 9. 5
字 数 / 168 千字
版 次 / 2019 年 2 月第 1 版 2019 年 2 月第 1 次印刷
定 价 / 29. 80 元

责任编辑 / 申玉琴
文案编辑 / 申玉琴
责任校对 / 周瑞红
责任印制 / 李 洋

图书出现印装质量问题，请拨打售后服务热线，本社负责调换

前 言

“基础会计实训”是一门将会计理论与会计实务融于一体，以培养学生专业技能为根本宗旨的会计专业必修实践课程。通过基础会计实训，既可以检验与进一步学习在课堂上所学的会计核算基本原理与方法，又可以补充学习书本上没有的，而实际工作中必须了解的业务知识，还有助于进一步学习其他会计专业理论与方法，缩短会计专业在校学生从事会计实践的距离，为培养高级应用型会计人才奠定坚实的基础。因此，我们以网中网公司开发的基础会计实训平台为基础与中国石油天然气股份有限公司山东销售日照分公司和中粮黄海粮油工业（山东）有限公司企业财务部门合作编写了此书。本书简明实用，适合作为财经院校会计专业和经济管理专业教材，也可以作为相关培训教材。

本书由申艳拟定编写大纲，并担任主编，尚萍、徐晓艳、韩雪娇担任副主编。具体内容由以下编写人员完成：申艳负责实训十一、十二、十三、十六的编写；尚萍负责实训一、二、三的编写；徐晓艳负责实训六、七、八的编写；韩雪娇负责实训四、九的编写；高华蕾负责实训五的编写；韩娜负责实训十的编写；裴容玉负责实训十四、十五的编写。期间由田宏进行初稿审阅、统稿修改并定稿。

本书参阅了大量资料，并吸收了同行的经验，在此，我们感谢中国石油天然气股份有限公司日照分公司财务部经理丁明健及中粮黄海粮油工业（山东）有限公司财务总监毛新杰在本次编写过程中，对本书提出诸多宝贵意见和建议。

由于我们水平有限，加之编写时间仓促，书中不当之处在所难免，敬请各位专家和读者批评指正，以便及时修改和完善。

编　者

目 录

基础会计实训简介

1.1 特色介绍

高职院校毕业生，经过大学三年的学习，理论知识相对扎实，但实践经验不足，面对实际工作中纷杂的票据和烦冗数据，感觉无从下手，因为市面多数实训教材使用的单据与企业的真实单据严重脱节。对于定位于培养技能型人才的高职院校来说，如何在理论知识讲述的基础上开展实训教学，为学生提供仿真模拟的实践机会，培养学生实际操作能力，就显得尤为重要。一批在教学一线从事会计理论教学和实训教学的拥有丰富经验的优秀教师，深入企业，与工作在企业会计岗位的会计人员一起，借鉴其他版本教材成功经验，联合开发公司将老师的智慧与软件平台融合在一起，本着“广吸收、不套用、有创新”态度，结合高职高专教育的特点，以岗位需求为基本出发点，合作编写了这本教材。

1.2 基础数据

1. **北京明朗经贸发展有限公司（简称：北京明朗）**

性质：有限责任公司，批发企业，增值税一般纳税人（税率16%）

税务登记号：110106802215046

开户行：交通银行北京分行

账号：1441750104000041073421

电话：01085108257

地址：北京海淀区翠微路5号

法人代表：王新明

2. **北京化工有限公司**

性质：有限责任公司，批发企业，增值税一般纳税人（税率16%）

税务登记号：110270590544459

开户行：交通银行北京分行

账号：020000100901213644121

电话：01083847491

地址：北京海淀区西苑三里 08 号

3. 北京南方股份有限公司

性质：有限责任公司，批发企业，增值税一般纳税人（税率 16%）

税务登记号：110908045615075

开户行：交通银行北京分行

账号：110007609048708091012

电话：01088227854

地址：北京东城区和平里东街 22 号

另外，本实训要求按照 2017 新小企业会计准则知识操作。

2

课时简介

本课程课时共计36课时，学校可根据具体课程结合实际情况自行安排增减（表2－1）。

表2－1　课时安排

实训项目	实训名称	实训课时
实训一	原始凭证的填制	0.5课时
实训二	原始凭证的审核	0.5课时
实训三	记账凭证的填制	0.5课时
实训四	记账凭证的审核	0.5课时
实训五	账簿的设置	0.5课时
实训六	账簿的启用	0.5课时
实训七	账簿的登记	0.5课时
实训八	账簿结账处理	0.5课时
实训九	对账	0.5课时
实训十	错账更正	0.5课时
实训十一	资产负债表	1课时
实训十二	利润表	0.5课时
实训十三	银行存款余额调节表	0.5课时
实训十四	财产清查	0.5课时
实训十五	账务处理程序	0.5课时
实训十六	综合实训	28课时

3

实训

3.1 实训一 原始凭证的填制

3.1.1 实训目的

掌握凭证的基本内容、填制方法。

3.1.2 实训任务

根据经济业务填制相关原始凭证：要求做到按规范书写，内容完整，相应签章齐全。

3.1.3 理论精要回顾

原始凭证的填制要求：

• 记录要真实。

原始凭证所填列的经济业务，必须真实可靠，即符合国家有关政策、法令、法规、制度的要求；原始凭证上填列的内容、数字，必须真实可靠，符合有关经济业务的实际情况，不得弄虚作假，更不得伪造凭证。

• 内容要完整。

原始凭证所要求填列的项目必须逐项填列齐全，不得遗漏省略；必须符合手续完备的要求，经办业务的有关部门和人员要认真审核签名盖章。

• 手续要完备。

单位自制的原始凭证必须有经办单位领导人或者其他指定人员签名盖章；对外开出的原始凭证必须加盖本单位公章；从外部取得的原始凭证，必须盖有填制单位的公章；从个人取得的原始凭证，必须有填制人员的签名盖章。

• 书写要清楚、规范。

原始凭证要按规定填写，文字要简要，字迹要清楚，易于辨认，不得使用未经国务院公布的简化汉字。大小写金额必须相符且填写规范，小写金额用阿拉伯数字逐个书写，不得写连笔字，在金额前要填写人民币符号“￥”，人民币符号“￥”与阿拉伯数字之间不得留有空白。金额数字一律填写到角分；无角分的，写“00”或符号“—”；有角无分的，分位写“0”，不得用符号“—”。大写金额用汉字壹、贰、叁、肆、伍、陆、柒、捌、玖、拾、佰、仟、万、亿、元、角、分、零、整等，一律用正楷或行书字体书写。大写金额前未印有“人民币”字样的，应加写“人民币”三个字，“人民币”字样和大写金额之间不得留有空白。大写金额到元或角为止的，后面要写“整”或“正”字；有分的，不写“整”或“正”字。如小写金额为￥1008.00，大写金额应写成“人民币壹仟零捌元整”。

- 编号要连续。

如果原始凭证已预先印定编号，在写错作废时，应加盖“作废”戳记，妥善保管，不得撕毁。

- 不得涂改、刮擦、挖补。

原始凭证有错误的，应当由出具单位重开或更正，更正处应当加盖出具单位印章。原始凭证金额有错误的，应当由出具单位重开，不得在原始凭证上更正。

- 填制要及时。

各种原始凭证一定要及时填写，并按规定的程序及时送交会计机构、会计人员进行审核。

3.1.4 实训内容

- 与收支有关的原始凭证填制。

业务1：2018年7月10日，北京化工有限公司签发现金支票支付张菊红个人劳务费，请填制现金支票（图3-1-1）。

交通银行
现金支票存根
30101112
23099087
附加信息

出票日期　年　月　日
收款人：
金　额：
用　途：
单位主管　会计

27　交通银行　现金支票　30101112
23099087
出票日期（大写）　年　月　日　付款行名称：交通银行北京分行
收款人：　出票人账号：020000100901213644121
付款期限自出票之日起十天

人民币（大写）	亿	千	百	十	万	千	百	十	元	角	分

用途　密码
上列款项请从
我账户内支付
出票人签章　复核　记账

图3-1-1（a）

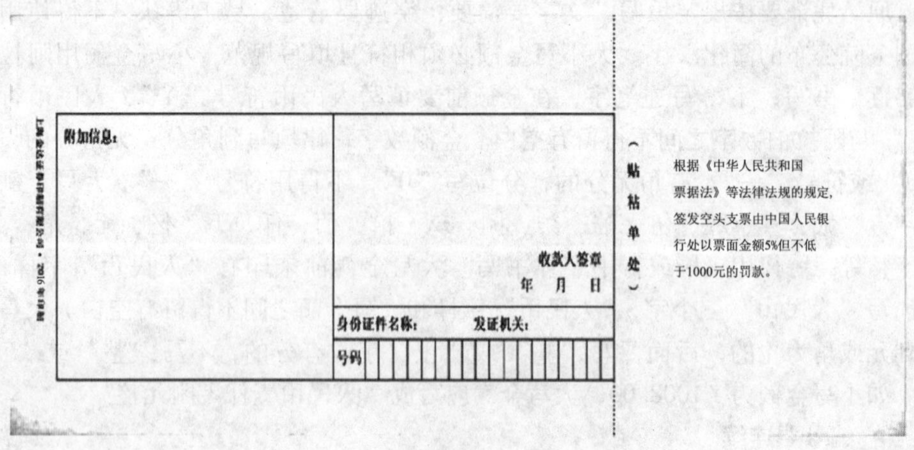

附加信息：	收款人签章 年 月 日
	身份证件名称： 发证机关：
	号码

（贴粘单处）

根据《中华人民共和国票据法》等法律法规的规定，签发空头支票由中国人民银行处以票面金额5%但不低于1000元的罚款。

图 3-1-1（b）

原始单据如图 3-1-2 所示。

付款申请书

2018年07月10日

用途及情况	金额											收款单位（人）：张菊红
支付张菊红个人劳务费	亿	千	百	十	万	千	百	十	元	角	分	账号：
					￥	1	5	0	0	0	0	开户行：
金额（大写）合计：人民币壹仟伍佰元整												电汇：□ 信汇：□ 汇票：□ 转账：□ 其他：☑

总经理	王靓瑛	财务部门	经理	郑镭	业务部门	经理	李晓文
			会计			经办人	

图 3-1-2

业务 2：2018 年 4 月 11 日，北京化工有限公司从联科化工有限公司购进原材料一批，价款 9 580.00 元，以转账支票支付，请填制转账支票（如图 3-1-3）。

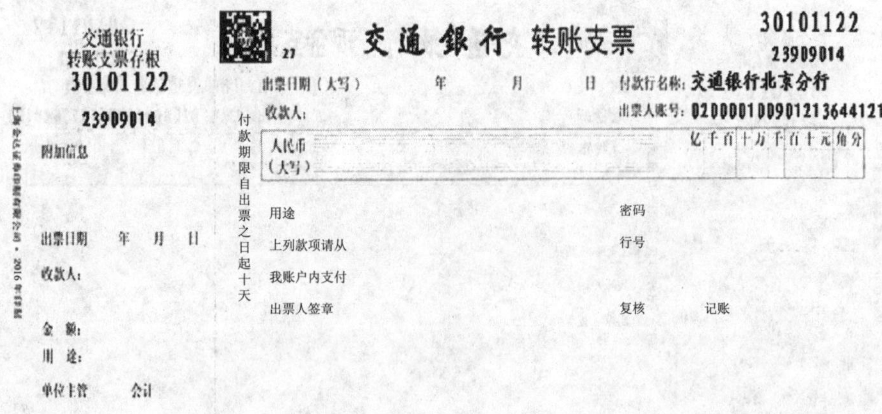

交通银行
转账支票存根
30101122
23909014
附加信息
出票日期 年 月 日
收款人：
金 额：
用 途：
单位主管 会计

交通银行 转账支票 30101122
23909014
出票日期（大写） 年 月 日 付款行名称：交通银行北京分行
收款人： 出票人账号：020000100901213644121
付款期限自出票之日起十天
人民币（大写） 亿 千 百 十 万 千 百 十 元 角 分
用途 密码
上列款项请从 行号
我账户内支付
出票人签章 复核 记账

图 3-1-3（a）

附加信息：	被背书人	被背书人
	背书人签章 年 月 日	背书人签章 年 月 日

上海会计证券印刷有限公司 · 2016年印制

（贴粘单处）

根据《中华人民共和国票据法》等法律法规的规定，签发空头支票由中国人民银行处以票面金额5%但不低于1000元的罚款。

图 3-1-3（b）

原始单据如图 3-1-4 所示。

付款申请书

2018年04月11日

<table>
<tr><td>用途及情况</td><td colspan="11">金额</td><td colspan="4">收款单位(人)：联科化工有限公司</td></tr>
<tr><td rowspan="2">支付货款</td><td>亿</td><td>千</td><td>百</td><td>十</td><td>万</td><td>千</td><td>百</td><td>十</td><td>元</td><td>角</td><td>分</td><td colspan="4">账 号：110236521465551987</td></tr>
<tr><td></td><td></td><td></td><td></td><td>¥</td><td>9</td><td>5</td><td>8</td><td>0</td><td>0</td><td>0</td><td colspan="4">开户行：中国银行北京西城支行</td></tr>
<tr><td>金额（大写）合计：</td><td colspan="11">人民币玖仟伍佰捌拾元整</td><td colspan="4">电汇：☐ 信汇：☐ 汇票：☐ 转账：☑ 其他：☐</td></tr>
<tr><td rowspan="2">总经理</td><td rowspan="2">王靓瑛</td><td rowspan="2">财务部门</td><td>经理</td><td colspan="2">郑镭</td><td rowspan="2">业务部门</td><td>经理</td><td></td></tr>
<tr><td>会计</td><td colspan="2"></td><td>经办人</td><td>李晓文</td></tr>
</table>

图 3-1-4

业务 3：2018 年 7 月 18 日，北京化工有限公司从北京明发商贸有限公司购买材料一批，金额 34 000.00 元，交易合同号码为 093118。北京化工有限公司签发商业承兑汇票一张，汇票期限为两个月（图 3-1-5）。

卡片联 正联 存根联

商业承兑汇票（卡片） 1

30101162
39008791

出票日期（大写） 年 月 日

付款人	全　称		收款人	全　称	
	账　号			账　号	
	开户银行			开户银行	
出票金额	人民币（大写）			亿 千 百 十 万 千 百 十 元 角 分	
汇票到期日（大写）			付款人开户行	行号	
交易合同号码				地址	
出票人签章			备注：		

此联承兑人留存

图 3－1－5（a）

卡片联 正联 存根联

商业承兑汇票 2

30101162
39008791

出票日期（大写） 年 月 日

付款人	全　称		收款人	全　称	
	账　号			账　号	
	开户银行			开户银行	
出票金额	人民币（大写）			亿 千 百 十 万 千 百 十 元 角 分	
汇票到期日（大写）			付款人开户行	行号	
交易合同号码				地址	
本汇票已经承兑，到期无条件付款。 承兑人签章 承兑日期 年 月 日			本汇票请予以承兑于到期日付款。 出票人签章		

此联收款人开户行随托收凭证寄付款行作借方凭证附件

图 3－1－5（b）

卡片联 正联 存根联

被背书人	被背书人	被背书人	
背书人签章 年 月 日	背书人签章 年 月 日	背书人签章 年 月 日	（贴粘单处）

图 3－1－5（c）

卡片联 正联 存根联

商业承兑汇票（存根） 3

30101162
39008791

出票日期（大写） 年 月 日

付款人	全称		收款人	全称	
	账号			账号	
	开户银行			开户银行	
出票金额	人民币（大写）				亿 千 百 十 万 千 百 十 元 角 分
汇票到期日（大写）			付款人开户行	行号	
交易合同号码				地址	
备注：					

此联由出票人存查

图 3－1－5（d）

原始单据如图 3－1－6 所示。

开户许可证

核准号: J1075449070986　　　编 号: 1679 － 90822789

经审核，北京化工有限公司＿＿＿＿符合开户条件，准予开立基本存款账户。

法定代表人（单位负责人）王靓瑛　　开户银行 交通银行北京分行

账　号 020000100901213644121

中国人民银行营业管理部 发证机关(盖章) 专用章

2014年01月12日

图 3－1－6

业务 4：2018 年 2 月 3 日，北京化工有限公司收到东方化工有限公司投入投资款，请填写收款收据（由马峰开具），如图 3－1－7 所示。

存根联 交对方 交财务

收款收据　　NO.65786021

年　月　日

今收到＿＿＿＿＿＿＿＿

交来:＿＿＿＿＿＿＿＿

金额（大写）＿拾＿万＿仟＿佰＿拾＿元＿角＿分

¥＿＿＿＿　□现金　□支票　□信用卡　□其他　收款单位（盖章）

第一联存根

核准　会计　记账　出纳　经手人

图 3－1－7（a）

存根联 交对方 交财务

收 款 收 据 NO.65786021

年 月 日

今 收 到	
交 来：	
金额（大写）	拾 万 仟 佰 拾 元 角 分
¥	□现金 □支票 □信用卡 □其他　收款单位（盖章）

核准 会计 记账 出纳 经手人

第二联交对方

图 3－1－7（b）

存根联 交对方 交财务

收 款 收 据 NO.65786021

年 月 日

今 收 到	
交 来：	
金额（大写）	拾 万 仟 佰 拾 元 角 分
¥	□现金 □支票 □信用卡 □其他　收款单位（盖章）

核准 会计 记账 出纳 经手人

第三联交财务

图 3－1－7（c）

原始单据如图 3－1－8 所示。

交通银行 进账单（收账通知） 3

2018 年 02月 03日

出票人	全　称	东方化工有限公司	收款人	全　称	北京化工有限公司
	账　号	456329008768905432		账　号	020000100901213644121
	开户银行	中国银行北京海淀支行		开户银行	交通银行北京分行
金额	人民币（大写）	壹拾万元整		亿千百十万千百十元角分	¥ 1 0 0 0 0 0 0 0
票据种类		票据张数			
票据号码					
复核　记账				收款人开户银行签章	

交通银行北京分行 2018.02.03 转讫（01）

此联是收款人开户银行交给收款人的收账通知

图 3－1－8

• 与销售有关的原始凭证填制。

业务 5：2018 年 7 月 21 日，北京明朗经贸发展有限公司销售给上海市龙光贸易公司商品一批，请开具增值税专用发票，税率 16%，如图 3－1－9 所示。（本公司发票专用章由财务经理保管）

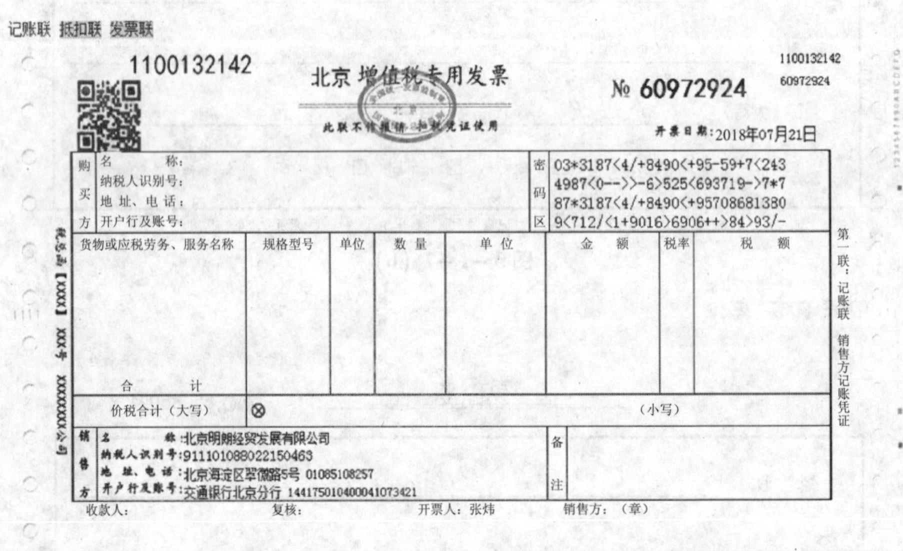

记账联 抵扣联 发票联

1100132142　　北京增值税专用发票　　№ 60972924　　1100132142 60972924

此联不作报销、扣税凭证使用　　开票日期：2018年07月21日

购买方	名称： 纳税人识别号： 地址、电话： 开户行及账号：	密码区	03*3187<4/+8490<+95-59+7<243 4987<0-->-6>525<693719->7*7 87*3187<4/+8490<+95708681380 9<712/<1+9016>6906++>84>93/-

货物或应税劳务、服务名称	规格型号	单位	数量	单价	金额	税率	税额
合计							
价税合计（大写）	⊗				（小写）		

销售方	名称：北京明朗经贸发展有限公司 纳税人识别号：911101088022150463 地址、电话：北京海淀区翠微路5号 01085108257 开户行及账号：交通银行北京分行 144175010400041073421	备注	

收款人：　　复核：　　开票人：张炜　　销售方：（章）

第一联：记账联　销售方记账凭证

图 3－1－9（a）

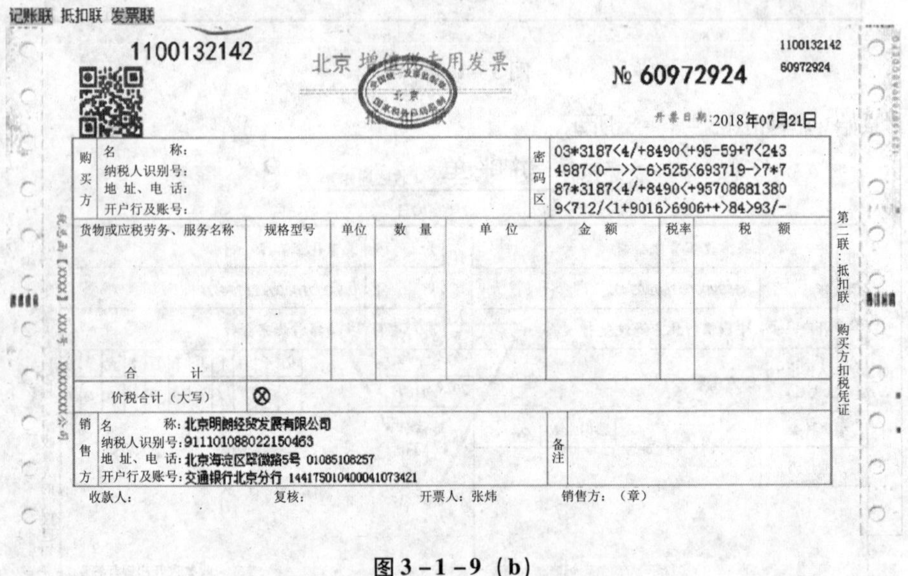

记账联 抵扣联 发票联

1100132142　　北京增值税专用发票　　№ 60972924　　1100132142 60972924

抵扣联　　开票日期：2018年07月21日

购买方	名称： 纳税人识别号： 地址、电话： 开户行及账号：	密码区	03*3187<4/+8490<+95-59+7<243 4987<0-->-6>525<693719->7*7 87*3187<4/+8490<+95708681380 9<712/<1+9016>6906++>84>93/-

货物或应税劳务、服务名称	规格型号	单位	数量	单价	金额	税率	税额
合计							
价税合计（大写）	⊗						

销售方	名称：北京明朗经贸发展有限公司 纳税人识别号：911101088022150463 地址、电话：北京海淀区翠微路5号 01085108257 开户行及账号：交通银行北京分行 144175010400041073421	备注	

收款人：　　复核：　　开票人：张炜　　销售方：（章）

第二联：抵扣联　购买方扣税凭证

图 3－1－9（b）

记账联 抵扣联 发票联

1100132142　　北京增值税专用发票　　№ 60972924　　1100132142 60972924

开票日期：2018年07月21日

购买方	名称： 纳税人识别号： 地址、电话： 开户行及账号：					密码区	03*3187<4/+8490<+95-59+7<243 4987<0-->)-6>525<693719->7*7 87*3187<4/+8490<+95708681380 9<712/<1+9016>6906++>84>93/-	
货物或应税劳务、服务名称	规格型号	单位	数量	单价	金额	税率	税额	
合计								
价税合计（大写）	⊗				（小写）			
销售方	名称：北京明朗经贸发展有限公司 纳税人识别号：911101088022150463 地址、电话：北京海淀区翠微路5号 01085108257 开户行及账号：交通银行北京分行 144175010400041073421				备注			

收款人：　　复核：　　开票人：张炜　　销售方：（章）

第三联：发票联 购买方记账凭证

图 3-1-9（c）

原始单据如图 3-1-10 所示。

销售单

购货单位：上海市龙光贸易公司　　地址和电话：上海市光华路23号 0216558955　　单据编号：S011260078

纳税识别号：913101120354285434　　开户行及账号：交通银行上海分行 140200010019200165673　　制单日期：2018年07月21日

编码	产品名称	规格	单位	单价	数量	金额	备注
01	打印机	#2101	台	1000.00	30.00	30000.00	不含税价
02	传真机	#302	台	880.00	50.00	44000.00	
合计	人民币（大写）：柒万肆仟元整					￥74000.00	

会计联

总经理：王靓瑛　　销售经理：李莉　　经手人：何钦　　会计：李磊　　签收人：

图 3-1-10

业务 6：2018 年 6 月 27 日，恒通商贸有限公司销售给北京红星商贸公司货物一批（适用增值税税率为 16%），根据相关信息开具增值税普通发票，如图 3-1-11 所示。（本公司发票专用章由开票人保管）

记账联 发票联

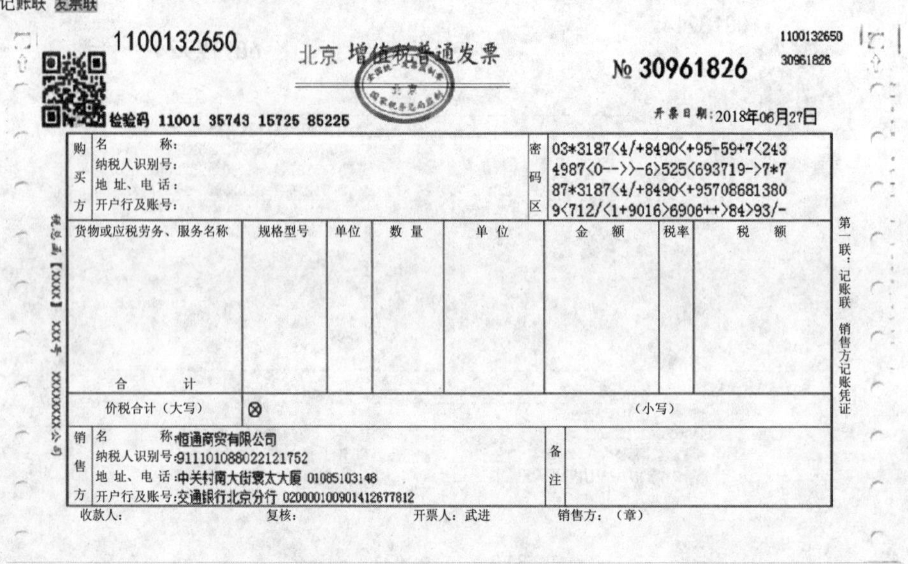

1100132650 北京 增值税普通发票 № 30961826

1100132650
30961826

检验码 11001 35743 15725 85225

开票日期：2018年06月27日

购买方	名称： 纳税人识别号： 地址、电话： 开户行及账号：					密码区	03*3187<4/+8490<+95-59+7<243 4987<0-->)-6>525<693719->7*7 87*3187<4/+8490<+95708681380 9<712/<1+9016>6906++>84>93/-		
货物或应税劳务、服务名称		规格型号	单位	数量	单价	金额		税率	税额
合计									
价税合计（大写）		⊗					（小写）		
销售方	名称：恒通商贸有限公司 纳税人识别号：911101088022121752 地址、电话：中关村南大街寰太大厦 01085103148 开户行及账号：交通银行北京分行 020000100901412677812					备注			

收款人： 复核： 开票人：武进 销售方：（章）

第一联：记账联 销售方记账凭证

图 3-1-11（a）

记账联 发票联

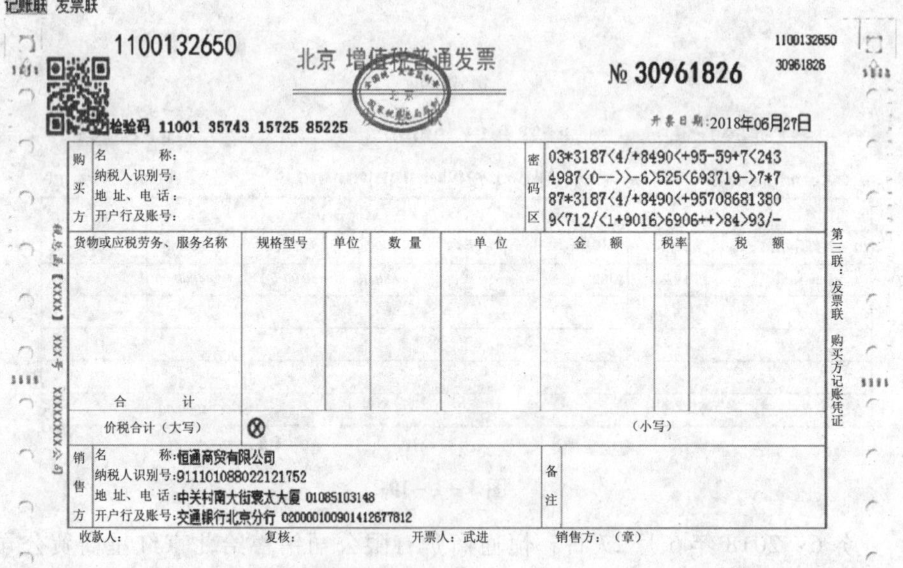

1100132650 北京 增值税普通发票 № 30961826

1100132650
30961826

检验码 11001 35743 15725 85225

开票日期：2018年06月27日

购买方	名称： 纳税人识别号： 地址、电话： 开户行及账号：					密码区	03*3187<4/+8490<+95-59+7<243 4987<0-->)-6>525<693719->7*7 87*3187<4/+8490<+95708681380 9<712/<1+9016>6906++>84>93/-		
货物或应税劳务、服务名称		规格型号	单位	数量	单价	金额		税率	税额
合计									
价税合计（大写）		⊗					（小写）		
销售方	名称：恒通商贸有限公司 纳税人识别号：911101088022121752 地址、电话：中关村南大街寰太大厦 01085103148 开户行及账号：交通银行北京分行 020000100901412677812					备注			

收款人： 复核： 开票人：武进 销售方：（章）

第三联：发票联 购买方记账凭证

图 3-1-11（b）

原始单据如图 3－1－12 所示。

销售单

购货单位:北京红星商贸公司　　地址和电话:北京市中山路58号 01020713217　　单据编号:S011260069

纳税识别号:911101017899432908　　开户行及账号:中国工商银行北京分行 1232648902112655555　　制单日期:2018年06月27日

编码	产品名称	规格	单位	单价	数量	金额	备注
06	被套	BT-135	床	120.00	2.00	240.00	不含税价
07	被套	BT-145	床	120.00	2.00	240.00	
合 计	人民币（大写）：肆佰捌拾元整					¥480.00	

会计联

总经理：林美　　销售经理：罗文　　经手人：李金　　会计：郭启明　　签收人：

图 3－1－12

- 与生产有关的原始凭证填制。

业务 7：2018 年 6 月 10 日，江丰实业有限公司采购部购入一批计算器，请根据背景单据填写入库单，如图 3－1－13 所示。（验收仓库是第三仓库，按照实际价格入库）

业务联 会计联 仓库联 存根联

入 库 单

年 月 日

单号 00025478

交来单位及部门		发票号码或生产单号码		验收仓库		入库日期	

编号	名称及规格	单位	数量		实际价格		计划价格		价格差异
			交库	实收	单价	金额	单价	金额	
合 计									

业务联

部门经理：　　会计：　　仓库：　　经办人：艾峥

图 3－1－13

原始单据如图 3 - 1 - 14 所示。

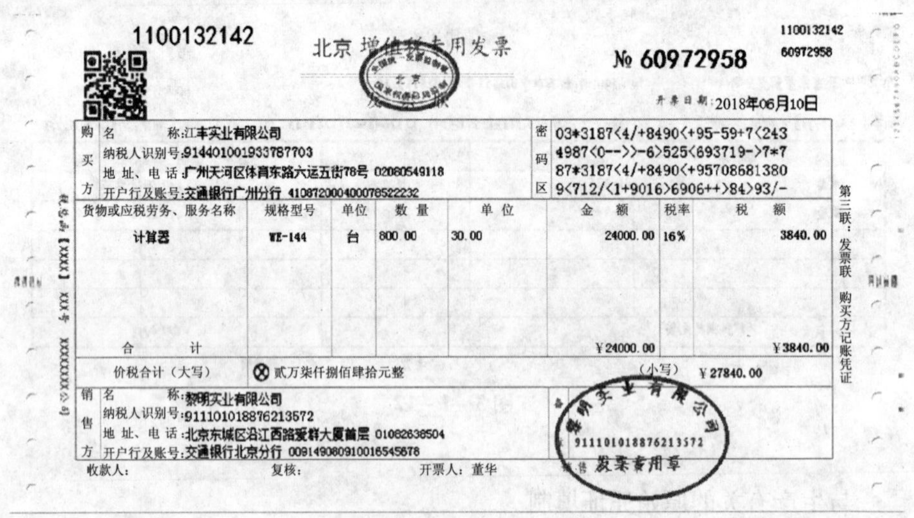

1100132142

北京增值税专用发票

№ 60972958

1100132142
60972958

开票日期：2018年06月10日

购买方	名称：江丰实业有限公司 纳税人识别号：914401001933787703 地址、电话：广州天河区体育东路六运五街78号 02080549118 开户行及账号：交通银行广州分行 410872000400078522232	密码区	03*3187<4/+8490<+95-59+7<243 4987<0-->>-6>525<693719->7*7 87*3187<4/+8490<+95708681380 9<712/<1+9016>6906++>84>93/-

货物或应税劳务、服务名称	规格型号	单位	数量	单位	金额	税率	税额
计算器	WZ-144	台	800.00	30.00	24000.00	16%	3840.00
合计					¥24000.00		¥3840.00
价税合计（大写）	⊗贰万柒仟捌佰肆拾元整				（小写） ¥27840.00		

销售方	名称：黎明实业有限公司 纳税人识别号：911101018876213572 地址、电话：北京东城区沿江西路爱群大厦首层 01082638504 开户行及账号：交通银行北京分行 009149080910016545878	备注	黎明实业有限公司 911101018876213572 发票专用章

收款人： 复核： 开票人：董华

第三联：发票联 购买方记账凭证

图 3 - 1 - 14

业务 8：2018 年 2 月 16 日，北京家纺有限公司第一生产车间领用棉花 200 千克用于生产棉被，请填写领料单（图 3 - 1 - 15）。（请领与实发数量一致）

业务联 会计联 仓库联 存根联

领 料 单

领料部门：

用 途： 年 月 日 02 第 096 号

材料			单位	数量		成本									
						单价	总价								
编号	名称	规格		请领	实发		百	十	万	千	百	十	元	角	分
合计															

业务联

部门经理： 会计： 仓库： 经办人：李晓华

图 3 - 1 - 15

● 与其他经济活动有关的原始凭证填制。

业务 9：2018 年 7 月 1 日，北京南方股份有限公司根据工资资料编制工资表（图 3－1－16）。

七月份工资表　　第 1 页　共 1 页

制表日期：2018年07月01日

顺序号	工号及姓名	基本工资	职务工资	奖金	加班工资		（一）产病工资			（一）事假		应发金额	代扣款项						实发金额	收款人签章
							日数	%	工资	日数	工资		养老保险	医疗保险	住房公积金	个人所得税				
1																				
2																				
3																				
4																				
5																				
6																				
7																				
8																				
9																				
10																				
11																				
12																				
13																				
14																				
15																				
16																				
17																				
18																				
19																				
20																				
合计																				

出纳　　　　制表 张哲

图 3－1－16

原始单据如图 3－1－17 所示。

七月份工资资料

编号	姓名	基本工资	职务工资	奖金	加班工资	应付工资	备注
1	林名	4300.00	500.00	100.00	150.00	5050.00	个人缴纳养老保险160元，医疗保险40元，住房公积金90元
2	陈公	3000.00	500.00	100.00	0.00	3600.00	同上
3	陈明	3500.00	500.00	200.00	100.00	4300.00	同上
4	陈红	4000.00	600.00	100.00	100.00	4800.00	同上
5	王光	2800.00	100.00	100.00	200.00	3200.00	同上
6	王亮	3600.00	300.00	200.00	100.00	4200.00	同上

图 3－1－17

业务 10：2018 年 7 月 30 日，北京化工有限公司第一仓库盘点周转材料螺钉（编号 31），计量单位千克，单价 20 元。账面结存数量 2 550 千克、金额 51 000.00 元。实际盘点的结果如下：数量 2 500 千克、金额 50 000.00 元，请填写盘点报告表（图 3－1－18）。

财务联 仓库联

周转材料盘点报告表

单位名称： 年 月 日 单位：元

编号	类别及名称	计量单位	单价	实存		账存		对比结果				备注
								盘盈		盘亏		
				数量	金额	数量	金额	数量	金额	数量	金额	

第一联财务联

监盘人：高可欣 盘点人：张艳 （第 6 页共 12 页）

图 3－1－18

3.1.5 实训引导

(1) 实训中涉及的银行结算相关单据、增值税票据填制，在基础会计中尚未学习，指导教师应将其基本内容简要给予介绍。

(2) 实训中具有多联次的单据能仿照实务进行自动复写，学生只要填写一联即可，但是涉及签章时，需要点击相应联次去盖章。

(3) 建议实训时间 0.5 课时。

3.2 实训二 原始凭证的审核

3.2.1 实训目的

掌握原始凭证的审核内容。

3.2.2 实训任务

对原始凭证进行审核、判断、改正。

3.2.3 实训内容

- 原始凭证的审核。

业务 11：2018 年 7 月 18 日，江丰实业有限公司的销售员杨晓兰报销差旅费，请审核所附单据的正确性。如果无误，请盖章；如果有误，请在相应的单据上标明错误点（图 3－2－1～图 3－2－5）。（杨晓兰出差原因：考察市场。出差时间：

2018 年 7 月 5 日到 2018 年 7 月 14 日，共 10 天。出差地点：北京）

差旅费报销单

2018 年 07 月 18 日

所属部门	销售部				姓名	杨晓兰	出差天数	自 7月 5日至 7月 14日共 10天	
出差事由	考察市场						借旅支费	日期	金额
								结算金额：	
出发		到达		起止地点	交通费		住宿费	伙食费	其他
月	日	月	日						
7	5	7	5	广州—北京	920.00				
7	5	7	13	北京—北京	175.00		1200.00	500.00	
7	14	7	15	北京—广州	820.00				
合计				零拾 零万 叁仟 陆佰 壹拾 伍元 零角 零分 ¥3615.00					

总经理：　财务经理：　部门经理：李四　会计：　出纳：　报销人：杨晓兰

图 3-2-1

航空运输电子客票行程单

ITINERARY/RECEIPT OF E-TICKET FOR AIR TRANSPORT

印刷序号：4531302845 7
SERIAL NUMBER:

旅客姓名 NAME OF PASSENGER：杨晓兰
有效身份证件号码 ID.NO.：320324198009183489
签注 ENDORSEMENTS/RESTRICTIONS (CARBON)：NONEND/RTE/ANY GHNG RET TO 1

5XYJ9	承运人 CARRIER	航班号 FLIGHT	座位等级 CLASS	日期 DATE	时间 TIME	客票级别/客票类别 FARE BASIS	客票生效日期 NOT VALID BEFORE	有效截止日期 NOT VALID AFTER	免费行李 ALLOW
自 FROM 广州	GZ	9867	Y	05JUL	1025	Y100			20KG
至 TO 北京	BJ	VDOI							
至 TO									
至 TO									
至 TO CNY	票价 FARE 820.00		机场建设费 AIRPORT TAX 50.00		燃油附加费 FUEL SURCHARGE 50.00	其他税费 OTHER TAXES	合计 TOTAL CNY920.00		

电子客票号码 E-TICKET NO. 1376788340920　验证码 CK. 9057　提示信息 INFORMATION　保险费 INSURANCE

销售单位代号 AGENT CODE. GZ00410040000　填开单位 ISSUED BY 中国东方航空公司　填开日期 DATE OF ISSUE 2018-07-05

验真网址：WWW.TRAVELSKY.COM　服务热线：400-815-8888　短信验真：发送JP至10669018

付款凭证 RECEIPT　手写无效 INVALID IN HANDWRITING

图 3-2-2

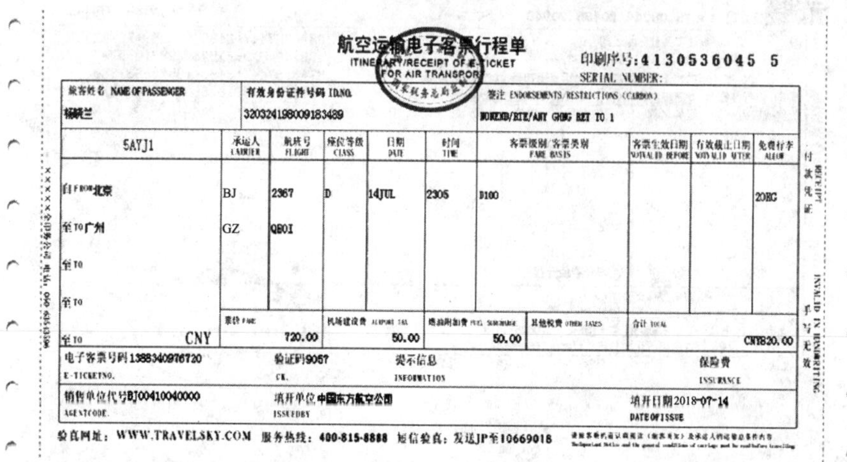

航空运输电子客票行程单

ITINERARY/RECEIPT OF E-TICKET FOR AIR TRANSPORT

印刷序号：4130536045 5
SERIAL NUMBER:

旅客姓名 NAME OF PASSENGER：杨晓兰
有效身份证件号码 ID.NO.：320324198009183489
签注 ENDORSEMENTS/RESTRICTIONS (CARBON)：NONEND/RTE/ANY GHNG RET TO 1

5AYJ1	承运人 CARRIER	航班号 FLIGHT	座位等级 CLASS	日期 DATE	时间 TIME	客票级别/客票类别 FARE BASIS	客票生效日期 NOT VALID BEFORE	有效截止日期 NOT VALID AFTER	免费行李 ALLOW
自 FROM 北京	BJ	2367	D	14JUL	2305	D100			20KG
至 TO 广州	GZ	QBOI							
至 TO									
至 TO									
至 TO CNY	票价 FARE 720.00		机场建设费 AIRPORT TAX 50.00		燃油附加费 FUEL SURCHARGE 50.00	其他税费 OTHER TAXES	合计 TOTAL CNY820.00		

电子客票号码 E-TICKET NO. 1388340976720　验证码 CK. 9057　提示信息 INFORMATION　保险费 INSURANCE

销售单位代号 AGENT CODE. BJ00410040000　填开单位 ISSUED BY 中国东方航空公司　填开日期 DATE OF ISSUE 2018-07-14

验真网址：WWW.TRAVELSKY.COM　服务热线：400-815-8888　短信验真：发送JP至10669018

付款凭证 RECEIPT　手写无效 INVALID IN HANDWRITING

图 3-2-3

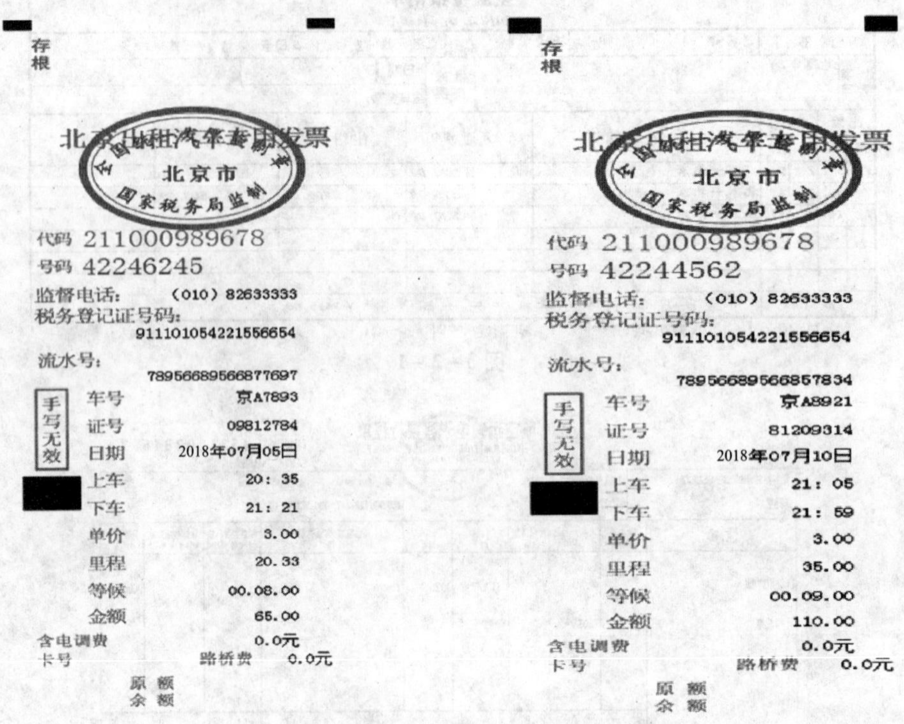

存根

北京出租汽车专用发票

代码 211000989678
号码 42246245
监督电话：（010）82633333
税务登记证号码：911101054221556654
流水号：7895668956877697
手写无效
车号 京A7893
证号 09812784
日期 2018年07月05日
上车 20：35
下车 21：21
单价 3.00
里程 20.33
等候 00.08.00
金额 65.00
含电调费 0.0元
卡号 路桥费 0.0元
原额
余额

存根

北京出租汽车专用发票

代码 211000989678
号码 42244562
监督电话：（010）82633333
税务登记证号码：911101054221556654
流水号：7895668956685 7834
手写无效
车号 京A8921
证号 81209314
日期 2018年07月10日
上车 21：05
下车 21：59
单价 3.00
里程 35.00
等候 00.09.00
金额 110.00
含电调费 0.0元
卡号 路桥费 0.0元
原额
余额

图 3－2－4

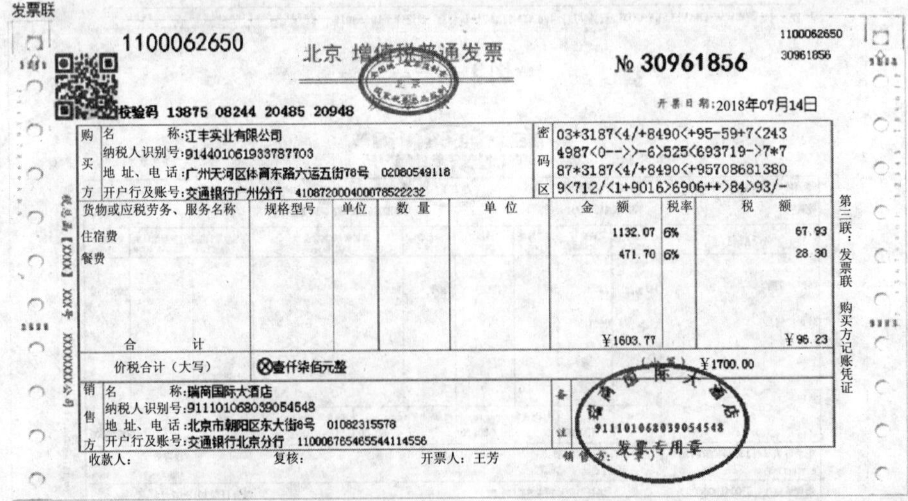

发票联

1100062650 北京增值税普通发票 № 30961856

1100062650
30961856

校验码 13875 08244 20485 20948 开票日期：2018年07月14日

购买方 名称：江丰实业有限公司
纳税人识别号：91440106193378 7703
地址、电话：广州天河区体育东路六运五街78号 02080549118
开户行及账号：交通银行广州分行 41087200040007852 2232

密码区 03*3187<4/+8490<+95-59+7<243 4987<0-->>-6>525<693719->7*7 87*3187<4/+8490<+95708681380 9<712/<1+9016>6906++>84>93/-

货物或应税劳务、服务名称	规格型号	单位	数量	单价	金额	税率	税额
住宿费					1132.07	6%	67.93
餐费					471.70	6%	28.30
合计					¥1603.77		¥96.23
价税合计（大写）	⊗壹仟柒佰元整				（小写）¥1700.00		

销售方 名称：瑞商国际大酒店
纳税人识别号：911101068039054548
地址、电话：北京市朝阳区东大街8号 01082315578
开户行及账号：交通银行北京分行 1100067654655441 14556

备注 瑞商国际大酒店 911101068039054548 发票专用章

收款人： 复核： 开票人：王芳 销售方：（章）

第三联：发票联 购买方记账凭证

图 3－2－5

3.2.4 实训引导

(1) 对原始凭证所记载的经济业务在内容上进行审核。

(2) 对原始凭证的填写情况进行审核。检查项目填写是否完整，计算是否精确，手续是否完备。

(3) 建议实训时间 0.5 课时。

3.3 实训三 记账凭证的填制

3.3.1 实训目的

掌握不同种类记账凭证的填制方法。

3.3.2 实训任务

根据原始凭证填制收款、付款、转账、通用四种凭证。

3.3.3 理论精要回顾

记账凭证的填制是会计核算中的基础环节之一，正确、及时、完整地填制记账凭证是正确、及时地提供会计信息的保证。对记账凭证的填制要求，主要有以下几个方面：

- 记录真实，内容完整，填制及时，书写清楚。
- “摘要”栏是对经济业务的简要说明，要求文字简练、概括，能满足登记账簿的要求。
- 应当根据经济业务的内容，按照会计制度的规定，确定应借应贷的账户。
- 记账凭证中，应借应贷的账户必须保持清晰的对应关系。
- 除结账和更正错误的记账凭证可以不附原始凭证外，每张凭证都要注明附件张数，以备查考。

3.3.4 实训内容

- 收款凭证的填制。

业务 12：2018 年 7 月 25 日，北京化工有限公司销售二丙烯基醚产品一批，货款已收，请根据背景单据编制收款凭证（图 3-3-1）。（凭证编号：085）

收款凭证

借方科目：　　　　　　　　　　年　月　日　　　　　　　　字第　　号

摘　要	贷方科目		记账	金额									
	总账科目	明细科目		千	百	十	万	千	百	十	元	角	分
			□										
			□										
			□										
			□										
			□										
			□										
合计			□										

附单据　张

会计主管：　　记账：　　出纳：　　复核：　　制单：

图 3－3－1

原始单据如图 3－3－2～图 3－3－4 所示。

1100132142　　**北京增值税专用发票**　　№ 60972916

此联不作报销、扣税凭证使用　　　　2018年07月25日

购货单位	名　称：山东烟台化工厂 纳税人识别号：370602896555098 地址、电话：烟台市幸福村56号 053535896555 开户行及账号：交通银行烟台分行 21345216781590251433					密码区	*-*5436*6+76>22126690 /073-68-<9-/+5172599 8796>2017<226<-13--8/ 77>+79*<*76479+9<>>//	加密版本：01 1100132142 60972916
货物或应税劳务、服务名称	规格型号	单位	数量	单位	金额	税率	税额	
二丙烯基醚		千克	2000.00	250.00	500000.00	16%	80000.00	
合　计					¥500000.00		¥80000.00	
价税合计（大写）	⊗伍拾捌万元整				¥580000.00			
销货单位	名　称：北京化工有限公司 纳税人识别号：110108590544459 地址、电话：北京海淀区西苑三里08号 01083847491 开户行及账号：交通银行北京分行 020000100901213644121					备注	110108590544459 发票专用章	

收款人：　　　复核：　　　开票人：张哲　　　销货单位：（章）

第一联：记账联　销售方记账凭证

图 3－3－2

销售单

购货单位:山东烟台化工厂　地址和电话:烟台市幸福村56号 264035896555　单据编号:S01126042

纳税识别号:370602896555098　开户行及账号:交通银行烟台分行 21345216781590251 4333　制单日期:2018年07月25日

编码	产品名称	规格	单位	单价	数量	金额	备注
01	二丙烯基醚		千克	250.00	2000.00	500000.00	不含税价
合计	人民币(大写):伍拾万元整					¥500000.00	

会计联

总经理:王靓瑛　销售经理:李晓　经手人:李克　会计:张哲　签收人:

图 3-2-3

交通银行业务回单

2018年07月25日　凭证编号:03374065

付款人			收款人		
付款人	全称	山东烟台化工厂	收款人	全称	北京化工有限公司
	账号	21345216781590251 4333		账号	0200001009012136 44121
	开户行	交通银行烟台分行		开户行	交通银行北京分行
大写金额	人民币(大写)伍拾捌万元整			¥580000.00	
用途	货款				
备注	业务种类				
	原凭证种类				
	原凭证号码				
	原凭证金额				

交通银行北京分行 2018.07.25 转讫(01)

开户行盖章

2018年07月25日

图 3-2-4

业务13:2018年7月13日,北京化工有限公司商业汇票到期办理进账。请根据背景单据编制收款凭证(图3-3-5)。(凭证编号:114)

收款凭证

借方科目:　　　年　月　日　　　字第　号

摘要	贷方科目 总账科目	明细科目	记账	金额 千百十万千百十元角分
合计				

附单据　张

会计主管:　记账:　出纳:　复核:　制单:

图 3-3-5

原始单据如图 3 –3 –6、图 3 –3 –7 所示。

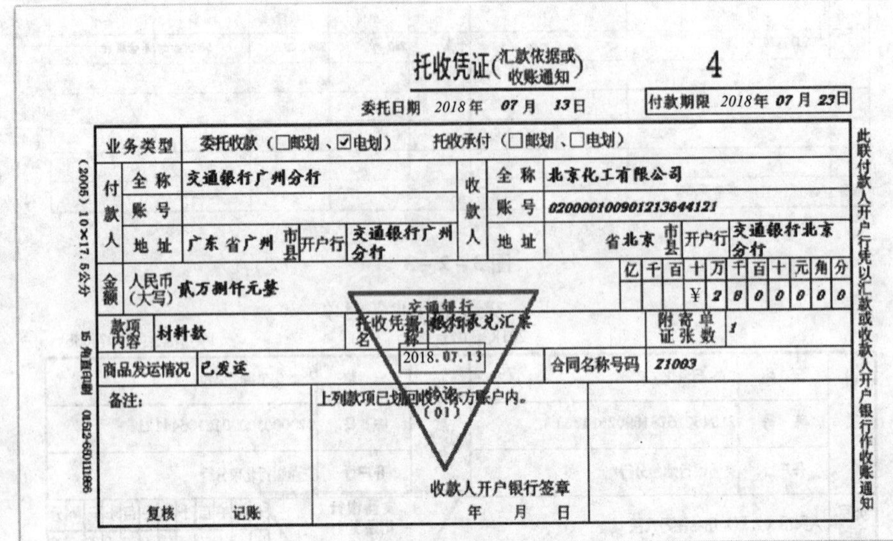

收账通知

托收凭证（汇款依据或收账通知） 4

委托日期 2018年 07月 13日　　付款期限 2018年 07月 23日

业务类型	委托收款（□邮划、☑电划）		托收承付（□邮划、□电划）	
付款人 全称	交通银行广州分行		收款人 全称	北京化工有限公司
付款人 账号			收款人 账号	020000100901213644121
付款人 地址	广东省广州市县	开户行 交通银行广州分行	收款人 地址 省北京市县	开户行 交通银行北京分行
金额	人民币（大写）贰万捌仟元整		亿千百十万千百十元角分	¥28000000
款项内容	材料款	托收凭据名称 银行承兑汇票	附寄单证张数	1
商品发运情况	已发运		合同名称号码	Z1003
备注： 复核　记账	上列款项已划回收入你方账户内。 收款人开户银行签章 年　月　日			

交通银行 2018.07.13 转讫 (01)

此联付款人开户行凭以汇款或收款人开户银行作收账通知

(2005) 10×17.5公分

图 3 –3 –6

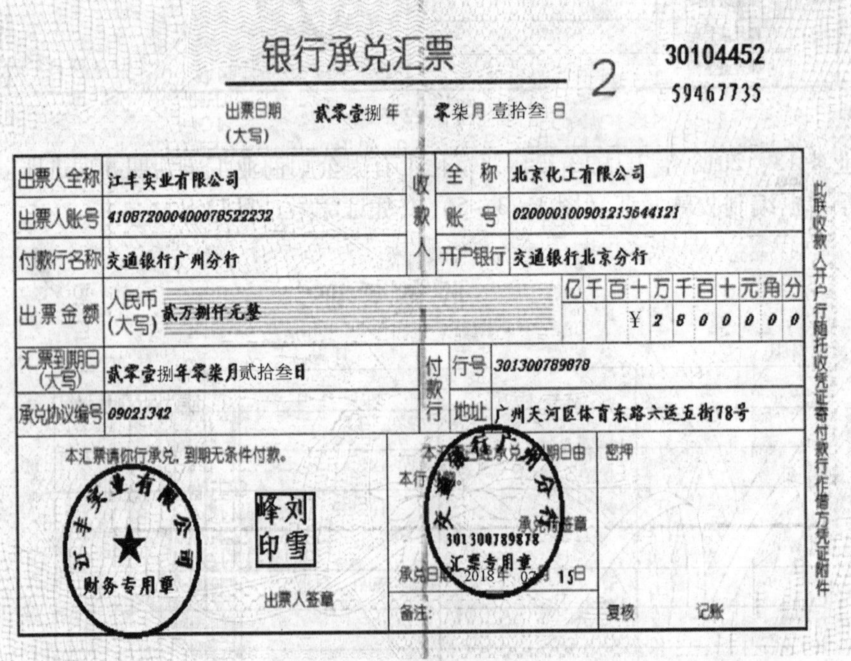

银行承兑汇票 2　　30104452　59467735

出票日期（大写） 贰零壹捌年 零柒月 壹拾叁日

出票人全称	江丰实业有限公司	收款人 全称	北京化工有限公司
出票人账号	41087200040007852232	收款人 账号	020000100901213644121
付款行名称	交通银行广州分行	收款人 开户银行	交通银行北京分行
出票金额	人民币（大写）贰万捌仟元整	亿千百十万千百十元角分	¥28000000
汇票到期日（大写）	贰零壹捌年零柒月贰拾叁日	付款行 行号	301300789878
承兑协议编号	09021342	付款行 地址	广州天河区体育东路六运五街78号
本汇票请你行承兑，到期无条件付款。 江丰实业有限公司 财务专用章　刘雪印峰 出票人签章		本汇票已经承兑，到期日由本行付款。 承兑行签章 承兑日期 2018年 07月 15日 备注：	密押 复核　记账

交通银行广州分行 301300789878 汇票专用章

此联收款人开户行随托收凭证寄付款行作借方凭证附件

图 3 –3 –7

业务 14：2018 年 7 月 18 日，北京化工有限公司收回上月销售款，请根据背景单据编制收款凭证（图 3－3－8）。（凭证编号：108）

收款凭证

借方科目：　　　　年　月　日　　　　字第　　号

摘　要	贷方科目		记账	金额									
	总账科目	明细科目		千	百	十	万	千	百	十	元	角	分
			□										
			□										
			□										
			□										
			□										
			□										
合计			□										

附单据　　张

会计主管：　　记账：　　出纳：　　复核：　　制单：

图 3－3－8

原始单据如图 3－3－9 所示。

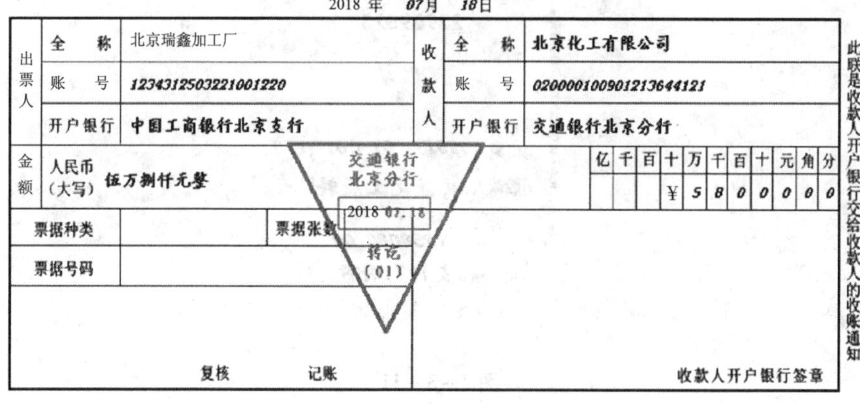

交通银行 进账单（收账通知）　3

2018 年 07月 18日

出票人	全称	北京瑞鑫加工厂	收款人	全称	北京化工有限公司
	账号	1234312503221001220		账号	0200001009012136444121
	开户银行	中国工商银行北京支行		开户银行	交通银行北京分行
金额	人民币（大写）	伍万捌仟元整		亿千百十万千百十元角分	￥58000000
票据种类		票据张数			
票据号码					
	复核　记账			收款人开户银行签章	

交通银行北京分行 2018.07.18 转讫（01）

此联是收款人开户银行交给收款人的收账通知

图 3－3－9

• 付款凭证的填制。

业务 15：2018 年 7 月 1 日，北京化工有限公司偿还之前欠祥源化工原料厂的材料款，请根据背景单据编制付款凭证（图 3－3－10）。（凭证编号：002）

付款凭证

贷方科目：　　　　　　年　月　日　　　　　　字第　　号

摘要	借方科目		记账	金额									
	总账科目	明细科目		千	百	十	万	千	百	十	元	角	分
			□										
			□										
			□										
			□										
			□										
			□										
合计			□										

附单据　张

会计主管：　　记账：　　出纳：　　复核：　　制单：

图 3-3-10

原始单据如图 3-3-11、图 3-3-12 所示。

交通银行
转账支票存根
30101122
23909023

附加信息

出票日期 2018 年 07 月 01 日

收款人：祥源化工原料厂

金　额：￥250000.00

用　途：支付购料款

单位主管　　会计

图 3-3-11

交通银行 进账单 （回 单） 1

2018 年 07月 01日

<table>
<tr><td rowspan="3">出票人</td><td>全 称</td><td>北京化工有限公司</td><td rowspan="3">收款人</td><td>全 称</td><td colspan="11">祥源化工原料厂</td></tr>
<tr><td>账 号</td><td>020000100901213644121</td><td>账 号</td><td colspan="11">678509070708091001</td></tr>
<tr><td>开户银行</td><td>交通银行北京分行</td><td>开户银行</td><td colspan="11">中国银行北京分行</td></tr>
<tr><td rowspan="2">金额</td><td colspan="4" rowspan="2">人民币（大写） 贰拾伍万元整</td><td>亿</td><td>千</td><td>百</td><td>十</td><td>万</td><td>千</td><td>百</td><td>十</td><td>元</td><td>角</td><td>分</td></tr>
<tr><td></td><td></td><td>¥</td><td>2</td><td>5</td><td>0</td><td>0</td><td>0</td><td>0</td><td>0</td><td>0</td></tr>
<tr><td colspan="2">票据种类</td><td>转账支票 票据张数 1</td><td colspan="13" rowspan="3">交通银行 北京分行 2018.07.01 转讫 （01）
开户银行签章</td></tr>
<tr><td colspan="2">票据号码</td><td>23909023</td></tr>
<tr><td colspan="3">复核 记账</td></tr>
</table>

此联是开户银行交给持票人的回单

图 3－3－12

业务 16：2018 年 7 月 5 日，北京化工有限公司管理部门以现金购买办公用品，（小件物品，未通过入库，直接领用）请根据背景单据编制付款凭证（图 3－3－13）。（凭证编号：009）

付款凭证

贷方科目： 年 月 日 字第 号

<table>
<tr><td rowspan="2">摘 要</td><td colspan="2">借方科目</td><td rowspan="2">记账</td><td colspan="9">金 额</td></tr>
<tr><td>总账科目</td><td>明细科目</td><td>千</td><td>百</td><td>十</td><td>万</td><td>千</td><td>百</td><td>十</td><td>元</td><td>角</td><td>分</td></tr>
<tr><td></td><td></td><td></td><td>□</td><td></td><td></td><td></td><td></td><td></td><td></td><td></td><td></td><td></td><td></td></tr>
<tr><td></td><td></td><td></td><td>□</td><td></td><td></td><td></td><td></td><td></td><td></td><td></td><td></td><td></td><td></td></tr>
<tr><td></td><td></td><td></td><td>□</td><td></td><td></td><td></td><td></td><td></td><td></td><td></td><td></td><td></td><td></td></tr>
<tr><td></td><td></td><td></td><td>□</td><td></td><td></td><td></td><td></td><td></td><td></td><td></td><td></td><td></td><td></td></tr>
<tr><td></td><td></td><td></td><td>□</td><td></td><td></td><td></td><td></td><td></td><td></td><td></td><td></td><td></td><td></td></tr>
<tr><td></td><td></td><td></td><td>□</td><td></td><td></td><td></td><td></td><td></td><td></td><td></td><td></td><td></td><td></td></tr>
<tr><td>合计</td><td></td><td></td><td>□</td><td></td><td></td><td></td><td></td><td></td><td></td><td></td><td></td><td></td><td></td></tr>
</table>

附单据 张

会计主管： 记账： 出纳： 复核： 制单：

图 3－3－13

原始单据如图 3－3－14、图 3－3－15 所示。

报　销　单

填报日期：2018年 07 月 05 日　　　　单据及附件共 1 张

姓名	柴广进	所属部门	行政部	报销形式	现金
				支票号码	

报销项目	摘　要	金　额	备注：
计算器		500.00	
	现金付讫		
合　　计		¥500.00	
金额大写：零 拾 零 万 零 仟 伍 佰 零 拾 零 元 零 角 零 分	原借款：　元	应退(补)款：¥500.00元	

总经理：王靓瑛　　财务经理：郑镭　　部门经理：柴少锋　会计：张哲　　出纳：马峰　　报销人：柴广进

图 3－3－14

1100062650　　北京　增值税普通发票　　№ 30961856　　1100062650　30961856

校验码 84123 83238 42348 23474　　　　开票日期：2018年07月05日

购买方	名　　称：北京化工有限公司 纳税人识别号：911101085905444591 地 址、电 话：北京海淀区西苑三里08号 01083847491 开户行及账号：交通银行北京分行 020000100901213644121	密码区	03*3187<4/+8490<+95-59+7<243 4987<0-->>-6>525<693719->7*7 87*3187<4/+8490<+95708681380 9<712/<1+9016>6906++>84>93/-

货物或应税劳务、服务名称	规格型号	单位	数量	单价	金额	税率	税额
计算器		台	10	43.103	431.03	16%	68.97
合　　计					¥431.03		¥68.97
价税合计（大写）	⊗伍佰元整				（小写）¥500.00		

销售方	名　　称：恒通商贸有限公司 纳税人识别号：91110108802212175 2 地 址、电 话：中关村南大街寰太大厦 01085103148 开户行及账号：交通银行北京分行 020000100901412677812	备注	

收款人：　　　复核：　　　开票人：武进　　　销售方：（章）

第一联：记账联　销售方记账凭证

图 3－3－15

业务 17：2018 年 7 月 23 日，北京化工有限公司职工预借差旅费，以现金支付，请根据背景单据编制付款凭证（图 3 – 3 – 16）。（凭证编号：014）

付款凭证

贷方科目：　　　　年　月　日　　　　字第　　号

摘　要	借方科目		记账	金额									
	总账科目	明细科目		千	百	十	万	千	百	十	元	角	分
			□										
			□										
			□										
			□										
			□										
			□										
合计			□										

附单据　　张

会计主管：　记账：　出纳：　复核：　制单：

图 3 – 3 – 16

原始单据如图 3 – 3 – 17 所示。

借　款　单

2018年07月23日　　现金付讫　　第00109 号

借款部门	销售部门	姓名	周移民	事由	出差
借款金额（大写）	零万壹仟零佰零拾零元零角零分　¥ 1000.00				
部门负责人签署	刘定	借款人签章	周移民	注意事项	一、凡借用公款必须使用本单 二、出差返回后三天内结算
单位领导批示	王靓瑛	财务经理审核意见	郑镭		

图 3 – 3 – 17

业务18：2018年7月26日，北京化工有限公司将以现金方式收到的货款存入银行，请根据背景单据编制付款凭证（图3－3－18）。（凭证编号：017）

付款凭证

贷方科目：　　　　　　　　　　年　月　日　　　　　　　　字第　　号

摘　要	借方科目		记账	金额									
	总账科目	明细科目		千	百	十	万	千	百	十	元	角	分
			□										
			□										
			□										
			□										
			□										
			□										
合计			□										

附单据　　张

会计主管：　　记账：　　出纳：　　复核：　　制单：

图3－3－18

原始单据如图3－3－19所示。

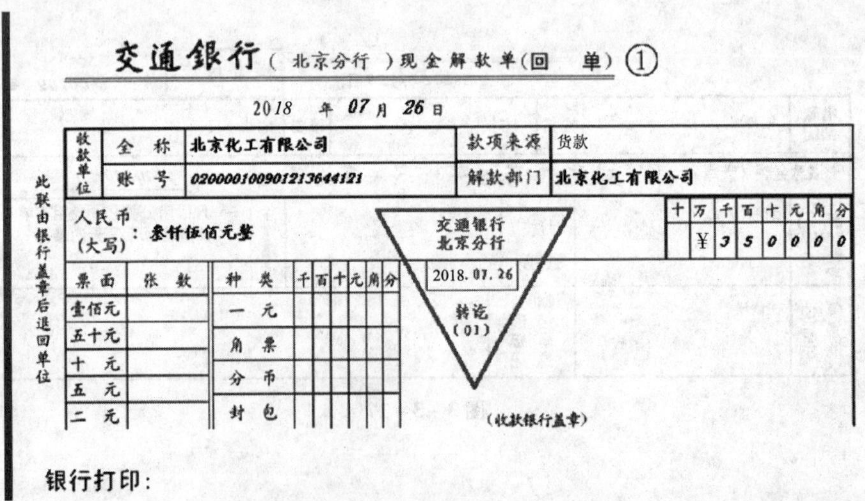

交通银行（北京分行）现金解款单（回　单）①

2018 年 07 月 26 日

收款单位	全称	北京化工有限公司	款项来源	货款
	账号	020000100901213644121	解款部门	北京化工有限公司

人民币（大写）：叁仟伍佰元整　　¥3500.00

票面	张数	种类	千	百	十	元	角	分
壹佰元		一元						
五十元		角票						
十元		分币						
五元		封包						
二元								

交通银行 北京分行 2018.07.26 转讫（01）

（收款银行盖章）

此联由银行盖章后退回单位

银行打印：

图3－3－19

业务 19：2018 年 7 月 20 日，北京化工有限公司购买增值税专用发票，银行代扣，请根据背景资料编制付款凭证（图 3－3－20）。（凭证号：088）

付款凭证

贷方科目：　　　　年　月　日　　　　字第　　号

摘　要	借方科目		记账	金额									
	总账科目	明细科目		千	百	十	万	千	百	十	元	角	分
合计													

附单据　张

会计主管：　记账：　出纳：　复核：　制单：

图 3－3－20

原始单据如图 3－3－21 所示。

国家税务局系统
行政性收费专用收据

国财 03401　　No:1087654367

填发日期：2018年 07 月 20日　　征收机关：北京市海淀区国家税务局税源管理一科

财政部监制

纳税人识别号	911101085905444591	交款单位（人）	北京化工有限公司	
项　目		单　价	数　量	金　额
专用发票收费		0.55	50	￥27.50
金额合计（大写）	人民币贰拾柒圆伍角整			
税务机关 北京市海淀区国家税务局税源管理一科 （盖章）		填票人 陈顺娇 （章）	备注： 6578200000007890987 专用发票销售工本费 1087654367	

第一联（收据）交款单位（人）作交费凭证

本至××公司印制

图 3－3－21

- 转账凭证的填制。

业务 20：2018 年 7 月 9 日，北京化工有限公司生产车间领用材料清洗设备，请根据背景单据编制凭证（图 3－3－22）。（凭证编号：070）

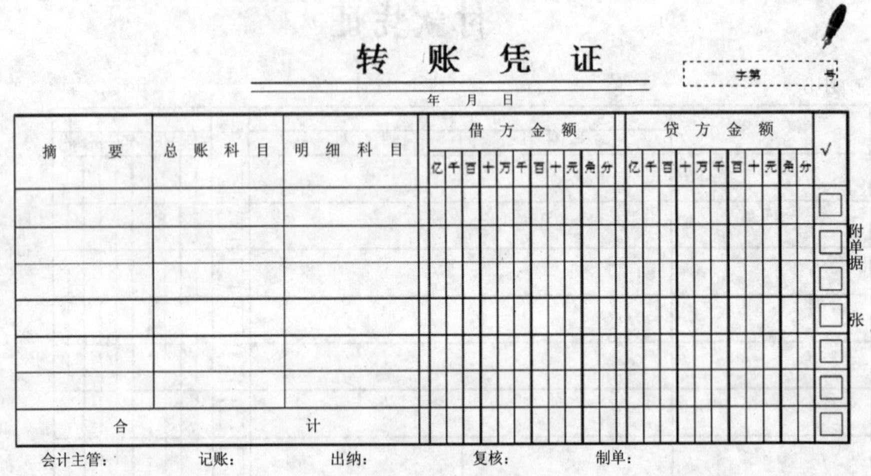

转 账 凭 证

字第 号

年 月 日

摘 要	总 账 科 目	明 细 科 目	借方金额 亿	千	百	十	万	千	百	十	元	角	分	贷方金额 亿	千	百	十	万	千	百	十	元	角	分	√
合	计																								

附单据 张

会计主管： 记账： 出纳： 复核： 制单：

图 3－3－22

原始单据如图 3－3－23、图 3－3－24 所示。

领 料 单

领料部门：生产部门

用 途：清洗设备

2018 年 07 月 09 日 03 第 12 号

材料 编号	名称	规格	单位	数量 请领	实发	成本 单价	总价 百	十	万	千	百	十	元	角	分
006	汽油		升	20.00	20.00										
合计															

会计联

部门经理：张哲 会计：崔亮 仓库：李名贵 经办人：王二小

图 3－3－23

发出材料计算表

材料品名	计量单位	期初结存数量	本期购入数量	期初结存金额	本期购入金额	单位成本	车间共耗 数量	车间共耗 金额
汽油	升	30	50	57.00	95.00	1.90	20	38.00

审核：郑镭 制表：崔亮

图 3－3－24

业务21：结转业务12中的销售成本58 000元（图3－3－25）。

转　账　凭　证

字第　　号

年　月　日

摘　要	总账科目	明细科目	借方金额										贷方金额										√
			亿	千	百	十	万	千	百	十	元	角	分	亿	千	百	十	万	千	百	十	元	角	分	
合		计																					

附单据　张

会计主管：　记账：　出纳：　复核：　制单：

图3－3－25

业务22：结转业务12～业务21中的损益类科目（图3－3－26、图3－3－27）。

转　账　凭　证

字第　　号

年　月　日

摘　要	总账科目	明细科目	借方金额										贷方金额										√
			亿	千	百	十	万	千	百	十	元	角	分	亿	千	百	十	万	千	百	十	元	角	分	
合		计																					

附单据　张

会计主管：　记账：　出纳：　复核：　制单：

图3－3－26

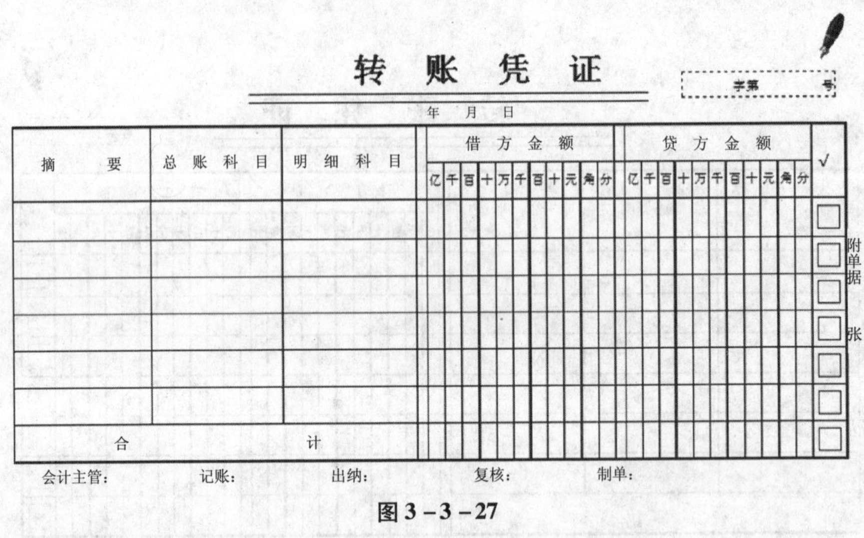

转 账 凭 证

字第 号

年 月 日

摘要	总账科目	明细科目	借方金额											贷方金额											√
			亿	千	百	十	万	千	百	十	元	角	分	亿	千	百	十	万	千	百	十	元	角	分	
合计																									

附单据 张

会计主管： 记账： 出纳： 复核： 制单：

图 3－3－27

- 通用记账凭证的填制。

业务 23：2018 年 5 月 4 日，新华经贸发展有限公司从智识百货有限公司购入商品（用于销售），支付部分款项，余款未付，请根据背景单据编制凭证（图 3－3－28）。（凭证编号：014）

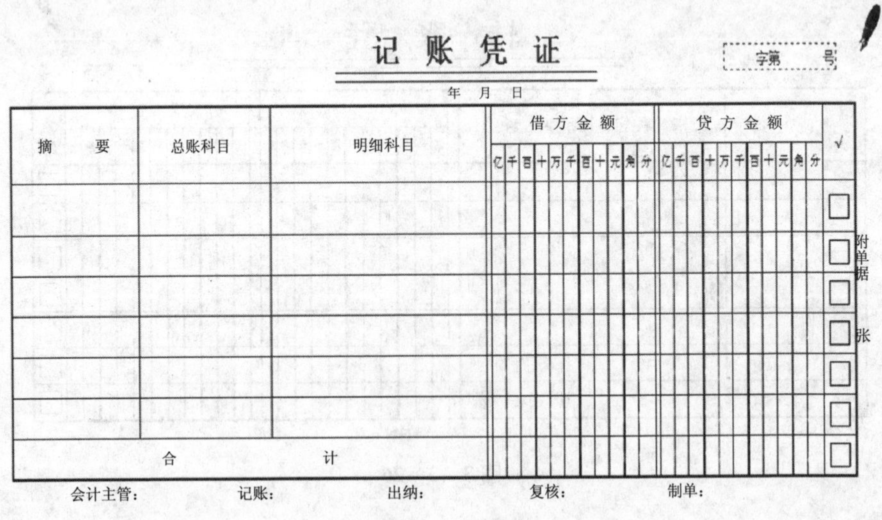

记 账 凭 证

字第 号

年 月 日

摘要	总账科目	明细科目	借方金额											贷方金额											√
			亿	千	百	十	万	千	百	十	元	角	分	亿	千	百	十	万	千	百	十	元	角	分	
合计																									

附单据 张

会计主管： 记账： 出纳： 复核： 制单：

图 3－3－28

原始单据如图 3－3－29～图 3－3－32 所示。

交通银行
转账支票存根
30101122
23097112

附加信息

出票日期2018年05月04日

收款人：智识百货有限公司

金 额：¥2100.00

用 途：货款

单位主管　　会计

图 3－3－29

交通银行 进账单（回 单） 1

2018年 05月 04日

出票人			收款人		
全称	新华经贸发展有限公司		全称	智识百货有限公司	
账号	11000676546554411111l		账号	11000670306710[illegible]091001	
开户银行	交通银行北京分行		开户银行	交通银行北京分行	

金额	人民币（大写）	亿	千	百	十	万	千	百	十	元	角	分
	贰仟壹佰元整					¥	2	1	0	0	0	0

票据种类	转账支票	票据张数	1
票据号码	23097112		

交通银行北京分行 2018 05 04 转讫 (01)

复核　　记账　　开户银行签章

此联是开户银行交给持票人的回单

图 3－3－30

入 库 单

2018年 05月 04日　　单号 08611028

交来单位及部门	智识百货有限公司	发票号码或生产单号码	30961856	验收仓库	第一仓库	入库日期	2018年05月04日

编号	名称及规格	单位	数量		实际价格		计划价格		价格差异
			交库	实收	单价	金额	单价	金额	
01	砂纸	件	350.00	350.00					
	合　计								

会计联

部门经理：　　会计：　　仓库：张正良　　经办人：张海燕

图 3－3－31

1100062650 北京增值税专用发票 № 30961856

1100062650
30961856

开票日期：2018年05月04日

购买方	名称：新华经贸发展有限公司 纳税人识别号：911101011673421073 地址、电话：北京市海天路87号 010348787 开户行及账号：交通银行北京分行 11000676548554411111	密码区	03*3187<4/+8490<+95-59+7<243 4987<0-->>-6>525<693719->7*7 87*3187<4/+8490<+95708681380 9<712/<1+9016>6906++>84>93/-

货物或应税劳务、服务名称	规格型号	单位	数量	单价	金额	税率	税额
砂纸	#123	件	350	8.547	2991.45	16%	478.63
合计					¥2991.45		¥478.63
价税合计（大写）	⊗叁仟肆佰柒拾元零捌分				（小写） ¥3470.08		

销售方	名称：智识百货有限公司 纳税人识别号：911101017802278325 地址、电话：北京东城区诚庄西里25号 01081239795 开户行及账号：交通银行北京分行 11000670306710809100 1	备注	911101017802278325 发票专用章

收款人： 复核： 开票人：王信 销售方：（章）

第三联：发票联 购买方记账凭证

图 3－3－32

业务24：2018年5月7日，新华经贸发展有限公司（商品零售企业）发放职工工资，请根据背景单据编制凭证（图3－3－33）。（凭证编号：068）

记 账 凭 证

字第 号

年 月 日

摘要	总账科目	明细科目	借方金额	贷方金额	√
			亿千百十万千百十元角分	亿千百十万千百十元角分	
合计					

附单据 张

会计主管： 记账： 出纳： 复核： 制单：

图 3－3－33

原始单据如图 3－3－34 所示。

工资表

单位：元

序号	姓名	基本工资	浮动工资	应发工资	社保费（个人）	公积金（个人）	个人所得税	实发工资	签名
01	张筱雨	2400.00	1100.00	3500.00	300.00	200.00	0.00	3000.00	张筱雨
02	李雯雯	2400.00	1100.00	3500.00	300.00	200.00	0.00	3000.00	李雯雯
03	郭冬冬	2880.00	1100.00	3980.00	300.00	200.00	0.00	3480.00	郭冬冬
04	谢文婷	2600.00	1100.00	3700.00	300.00	200.00	0.00	3200.00	谢文婷
05	杨靖宇	2600.00	1100.00	3700.00	300.00	200.00	0.00	3200.00	杨靖宇
06	穆晓云	2900.00	1100.00	4000.00	300.00	200.00	0.00	3500.00	穆晓云
07	王爱佳	2700.00	1100.00	3800.00	300.00	200.00	0.00	3300.00	王爱佳
08	张芳艳	2700.00	1100.00	3800.00	300.00	200.00	0.00	3300.00	张芳艳
09	秦琳	2850.00	1100.00	3950.00	300.00	200.00	0.00	3450.00	秦琳
10	赵小芯	2900.00	1100.00	4000.00	300.00	200.00	0.00	3500.00	赵小芯
11	王妙玉	2800.00	1100.00	3900.00	300.00	200.00	0.00	3400.00	王妙玉
12	宁茉花	2880.00	1100.00	3980.00	300.00	200.00	0.00	3480.00	宁茉花
...	...	...	...	...	...	...	...	...	...
21	张炳鑫	2500.00	1100.00	3600.00	300.00	200.00	0.00	3100.00	张炳鑫
合计	—	67525.00	23100.00	90625.00	6300.00	4200.00	125.00	80000.00	

现金付讫

图 3－3－34

3.3.5 实训引导

（1）在填制记账凭证之前，应根据原始凭证详细填写各项经济业务的发生情况，明确记账凭证各项目应填写的内容。

（2）填制记账凭证是模拟手工账，所以“合计”栏是需要手工计算的。另外“字第　号”等也需要填写。

（3）建议实训时间 0.5 课时。

3.4 实训四 记账凭证的审核

3.4.1 实训目的

初步掌握记账凭证的审核内容。

3.4.2 实训任务

审核实训中给出的记账凭证存在的问题，并做出正确的记账凭证。

3.4.3 实训内容

- 记账凭证的审核。

业务 25：2018 年 11 月 12 日，北京化工有限公司向鸿荣机械有限公司销售甘

油丙烯醚产品，请判断记账凭证（图 3 –4 –1）是否正确，如果有误，请重新填制。（暂不结转成本）

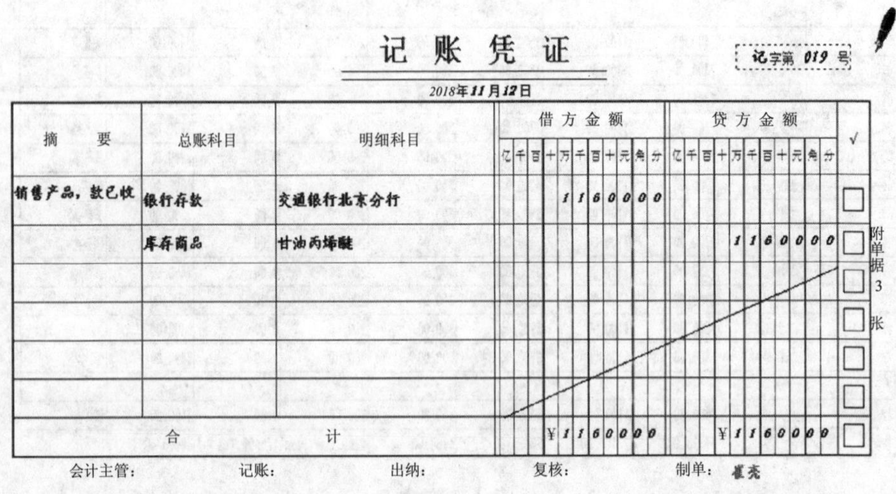

记 账 凭 证

记字第 019 号

2018年11月12日

摘要	总账科目	明细科目	借方金额	贷方金额	√
销售产品，款已收	银行存款	交通银行北京分行	1160000		
	库存商品	甘油丙烯醚		1160000	
合计			¥1160000	¥1160000	

附单据 3 张

会计主管：　记账：　出纳：　复核：　制单：崔亮

图 3 –4 –1

原始单据如图 3 –4 –2 ~ 图 3 –4 –4 所示。

1100132142　北京增值税专用发票　№ 62950976　1100132142　62950976

此联不作报销、扣税凭证使用

开票日期：2018年11月12日

购买方	名　称：鸿荣机械有限公司 纳税人识别号：914401067493156753 地址、电话：广州天河区体育东路76号02012596352 开户行及账号：交通银行广州分行 690200001009014413252	密码区	03*3187<4/+8490<+95-59+7<243 4987<0-->>-6>525<693719->7*7 87*3187<4/+8490<+95708681380 9<712/<1+9016>6906++>84>93/-

货物或应税劳务、服务名称	规格型号	单位	数量	单价	金额	税率	税额
甘油丙烯醚		KG	100.00	100.00	10000.00	16%	1600.00
合计					¥10000.00		¥1600.00
价税合计（大写）	⊗壹万壹仟陆佰元整				（小写）¥11600.00		

销售方	名　称：北京化工有限公司 纳税人识别号：911101085905444591 地址、电话：北京海淀区西苑三里08号 01083847491 开户行及账号：交通银行北京分行 020000100901213644121	备注	

收款人：　复核：　开票人：张哲　销售方：（章）

第一联：记账联 销售方记账凭证

错误

图 3 –4 –2

销售单

购货单位:鸿荣机械有限公司　地址和电话:广州天河区体育东路76号 02012596352　单据编号:S01600127

纳税识别号:914401067493156753　开户行及账号:交通银行广州分行 69020000100901441 3252　制单日期:2018年11月12日

编码	产品名称	规格	单位	单价	数量	金额	备注
01	甘油丙烯醚		kg	100.00	100.00	10000.00	不含税价
合计	人民币(大写):壹万元整					¥10000.00	

会计联

总经理:王靓瑛　销售经理:李晓　经手人:李克　会计:张哲　签收人:

图3-4-3

交通银行业务回单

2018年11月12日　凭证编号:30721120

付款人	全称	鸿荣机械有限公司	收款人	全称	北京化工有限公司
	账号	69020000100901441 3252		账号	020000100901213644121
	开户行	交通银行广州分行		开户行	交通银行北京分行
大写金额	人民币(大写)壹万壹仟陆佰元整				¥1160000
用途	货款				
备注	业务种类				
	原凭证种类				
	原凭证号码				
	原凭证金额				

交通银行北京分行 2018.11.12 转讫 (开户行盖章)

2018年11月12日

图3-4-4

3.4.4 实训引导

(1) 实训中应审核记账凭证与原始凭证是否相符,项目填写是否齐全,会计科目名称、方向、金额是否正确,签章是否齐全。

(2) 建议实训时间0.5课时。

3.5 实训五 账簿的设置(建账)

3.5.1 实训目的

掌握总账、明细账、日记账的建账。

3.5.2 实训任务

练习总账(三栏账)、明细账(三栏账、数量金额式)、日记账(三栏账)的建账。

3.5.3 理论精要回顾

- 建账的概念。

新建单位和原有单位在年度开始时，会计人员均应根据核算工作的需要设置应用账簿，即平常所说的建账。

- 建账的基本程序。

第一步：按照需用的各种账簿的格式要求，预备各种账页，并将活页的账页用账夹装订成册。

第二步：在账簿的“启用表”上，写明单位名称、账簿名称、册数、编号、起止页数、启用日期以及记账人员和会计主管人员姓名，并加盖名章和单位公章。记账人员或会计主管人员在本年度调动工作时，应注明交接日期、接办人员和监交人员姓名，并由交接双方签名或盖章，以明确经济责任。

第三步：按照会计科目表的顺序、名称，在总账账页上建立总账账户；并根据总账账户明细核算的要求，在各个所属明细账户上建立二、三级明细账户。原有单位在年度开始建立各级账户的同时，应将上年账户余额结转过来。

第四步：启用订本式账簿，应从第一页起到最后一页止顺序编定号码，不得跳页、缺号；使用活页式账簿，应按账户顺序编本户页次号码。各账户编列号码后，应填“账户目录”，将账户名称页次登入目录内，并粘贴索引纸（账户标签），写明账户名称，以利检索。

建账基准日应以公司成立日即营业执照签发日或营业执照变更日为准。由于会计核算以年度、季度、月进行分期核算，实际工作中，一般以公司成立当月月末或下月初为基准日。如果公司设立之日是在月度中的某一天，一般以下一个月份的月初作为建账基准日。

企业建立新账的依据应以经合法中介机构审验评估的审计报告、资产评估报告（须经有关部门确认或备案）、验资报告为基础，通过评估调整（即资产评估机构的评估报告，并经有关部门确认的资产评估基准日评估价值，与资产评估基准日的账面价值的差额调整）和会计调整（即资产评估基准日与会计建账基准日之间的会计账项调整）后的财务账项作为建账依据。

3.5.4 实训内容

- 账簿的设置。
- 总账、明细账、日记账的建账。单据样式如图 3 – 5 – 1 ~ 图 3 – 5 – 3 所示。

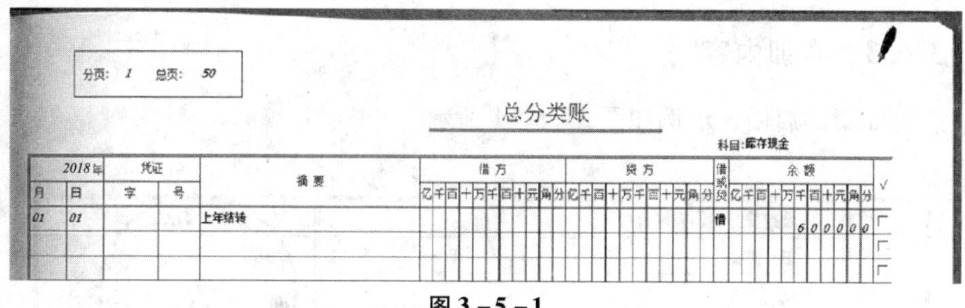

分页: 1 总页: 50

总分类账

科目:库存现金

2018年 月	日	凭证 字	号	摘要	借方 亿千百十万千百十元角分	贷方 亿千百十万千百十元角分	借或贷	余额 亿千百十万千百十元角分	√
01	01			上年结转			借	600000	

图 3-5-1

分页:______ 总页:______

应收账款明细账

一级科目: 应收账款　　二级科目: 智识百货有限公司

2018年 月	日	凭证 种类	号数	摘要	日页	借方 百十万千百十元角分	贷方 百十万千百十元角分	借或贷	余额 百十万千百十元角分
01	01			上年结转				借	7200000

图 3-5-2

现金日记账　　第 1 页

2018年 月	日	凭证 种类	号数	票据号数	摘要	借方 百十万千百十元角分	贷方 百十万千百十元角分	余额 百十万千百十元角分	核对
01	01				上年结转			600000	□
									□
									□
									□
									□

图 3-5-3

3.5.5 实训引导

（1）建账实训并非包含所有的科目，但是在后面的综合实训中会有练习到。

（2）建议实训时间 0.5 课时。

3.6 实训六 账簿的启用

3.6.1 实训目的

掌握账簿启用表的填制。

3.6.2 实训任务

练习账簿封面即账簿启用表各要素的正确填写。

3.6.3 实训内容

会计账簿的启用，示例如图 3－6－1 所示。

账 簿 启 用 及 交 接 表

机构名称	北京南方股份有限公司		
账簿名称	总分类账	（第 一 册）	
账簿编号	01		
账簿页数	本账簿共计 50 页	（本账簿页数 检点人盖章 50 陈建章）	
启用日期	公元 2018 年 08 月 01 日		

印章：北京南方股份有限公司

经管人员	负责人 姓名	负责人 盖章	主办会计 姓名	主办会计 盖章	复核 姓名	复核 盖章	记账 姓名	记账 盖章
	林玲	林玲	陈建章	陈建章	马明	马明	张翔	张翔

接交记录	经管人员 职别	经管人员 姓名	接管 年	接管 月	接管 日	接管 盖章	交出 年	交出 月	交出 日	交出 盖章
备注										

图 3－6－1

3.6.4 实训引导

（1）账簿启用表的填制及盖章都做到仿真效果。记住要贴注印花税票。

（2）建议实训时间 0.5 课时。

3.7 实训七 账簿的登记

3.7.1 实训目的

掌握三栏式库存现金日记账、银行存款日记账、总分类账，数量金额式明细账的登记。

3.7.2 实训任务

根据记账凭证、科目汇总表的信息对应登记总分类账、库存现金日记账、银行存款日记账、明细账，并月结、年结等。

3.7.3 理论精要回顾

• 现金日记账的登记方法。

现金日记账由出纳人员根据同现金收付有关的记账凭证，按时间顺序逐日逐笔进行登记，并根据“上日余额 + 本日收入 - 本日支出 = 本日余额”的公式，逐日结出现金余额，与库存现金实存数核对，以检查每日现金收付是否有误。

• 总分类账的登记方法。

总分类账可以根据记账凭证逐笔登记，也可以根据经过汇总的科目汇总表或汇总记账凭证等登记。

• 明细分类账的登记方法。

不同类型经济业务的明细分类账可根据管理需要，依据记账凭证、原始凭证或汇总原始凭证逐日逐笔或定期汇总登记。固定资产、债权、债务等明细账应逐日逐笔登记；库存商品、原材料、产成品收发明细账以及收入、费用明细账可以逐笔登记，也可定期汇总登记。

3.7.4 实训内容

• 总分类账、明细账、日记账的登记。

业务 26：根据业务 12 ~ 业务 25 中北京化工有限公司发生的经济业务填制库存现金日记账和银行存款日记账（图 3 -7 -1、图 3 -7 -2）。

库存现金日记账　　第 3 页

月	日	凭证		票据号数	摘要	借方									贷方									余额									核对
		种类	号数			百	十	万	千	百	十	元	角	分	百	十	万	千	百	十	元	角	分	百	十	万	千	百	十	元	角	分	
																																	□
																																	□
																																	□
																																	□
																																	□
																																	□
																																	□
																																	□
																																	□
																																	□
																																	□
																																	□
																																	□
																																	□
																																	□
																																	□
																																	□

图 3 -7 -1

银行存款日记账

第 3 页

开户行：交通银行北京分行

账 号：020000100901213644121

年		凭证		摘要	借方											贷方											余额											核对
月	日	种类	号数		亿	千	百	十	万	千	百	十	元	角	分	亿	千	百	十	万	千	百	十	元	角	分	亿	千	百	十	万	千	百	十	元	角	分	
																																						□
																																						□
																																						□
																																						□
																																						□
																																						□
																																						□
																																						□
																																						□
																																						□
																																						□
																																						□
																																						□
																																						□
																																						□
																																						□
																																						□
																																						□

图 3－7－2

业务 27：请根据业务 12～业务 24 登记应收账款（图 3－7－3）。

分页：______ 总页：______

应收账款明细账

一级科目：应收账款　　　　二级科目：______

年		凭证		摘要	日页	借方									贷方									借或贷	余额								
月	日	种类	号数			百	十	万	千	百	十	元	角	分	百	十	万	千	百	十	元	角	分		百	十	万	千	百	十	元	角	分

图 3－7－3

业务 28：请根据业务 12 ~ 业务 24 登记管理费用明细账（图 3 - 7 - 4）。

正面 背面

分页：　　总页：

管理费用明细账

一级科目：管理费用

二级科目：

月	日	凭证号数	摘要	借方	贷方	借或贷	余额	办公费	修理费	通讯费
				亿千百十万千百十元角分	亿千百十万千百十元角分		亿千百十万千百十元角分	亿千百十万千百十元角分	亿千百十万千百十元角分	亿千百十万千百十元

管理费用明细账

（借）　方　项　目

水电费					
亿千百十万千百十元角分	亿千百十万千百十元角分	亿千百十万千百十元角分	亿千百十万千百十元角分	亿千百十万千百十元角分	亿千百十万千百十元角分

图 3 - 7 - 4

业务 29：请根据业务 12 ~ 业务 24 登记原材料明细账（图 3 - 7 - 5）。

原材料明细账

分页 ……… 总页 ………

最高存量10000　　编号、名称　01丙酮

最低存量200　储备天数10　存放地点第一仓库　计量单位 千克　规格　类别原材料

年		凭证字号	摘要	收入			付出			结存		
月	日			数量	单价	金额（百十万千百十元角分）	数量	单价	金额（百十万千百十元角分）	数量	单价	金额（百十万千百十元角分）

图 3-7-5

业务 30：登记总分类账，请根据业务 12 ~ 业务 24 登记银行存款总分类账（图 3-7-6）。

分页：4　总页：100

总分类账

科目：银行存款

年		凭证		摘要	借方	贷方	借或贷	余额	√
月	日	字	号		亿千百十万千百十元角分	亿千百十万千百十元角分		亿千百十万千百十元角分	

图 3-7-6

3.7.5 实训引导

（1）账簿登记实训并非包含所有的科目，账页的样式也并非包含所有样式，但是在后面的综合实训中会有练习到各种账页样式。

（2）登记账簿时应参考会计基础工作规范，明确账簿登记的基本要求，做到按规则登记账簿。

（3）建议实训时间0.5课时。

3.8 实训八 账簿结账处理

3.8.1 实训目的

掌握结账处理。

3.8.2 实训任务

结束本期账簿记录。

3.8.3 理论精要回顾

结账：就是把一定时期内全部经济业务登记入账之后，定期计算出各个账户的本期发生额及期末余额，结束本期账簿记录。

结账前要做好以下工作：

（1）将本期发生的经济业务事项全部登记入账。

（2）根据权责发生制的要求，调整有关账项，合理确定本期应计的收入和应计的费用。

（3）将损益类账户转入“本年利润”账户，结平所有损益类账户。

（4）结算出资产、负债和所有者权益账户的本期发生额和余额，并结转下期。

3.8.4 实训内容

- 银行存款日记账月结账处理。

请判断银行存款日记账的登账和月结账处理是否正确（图3-8-1、图3-8-2）。（12月初，承前页的借方累计发生额是6 086 571.83元，贷方累计发生额是6 705 701.11元，余额是165 000.00元）

银行存款日记账

第 44 页

开户行：中国工商银行上海分行

账 号：9087001009091234441

2018年 月	日	凭证 种类	号数	摘要	借方	贷方	余额	核对
12	01			承前页	608657183	670570111	1650000	□
12	01	记	001	支付电费		100000	1640000	□
12	01	记	002	收到前欠货款	600000		1700000	□
12	02	记	003	取得短期借款	10000000		2700000	□
12	04	记	004	购入办公用品		450000	2650000	□
12	07	记	005	购入原材料		2696001	2385399	□
12	08	记	006	支付前欠货款		1200000	2265399	□
12	09	记	007	购买专利权		2000000	2065399	□
12	11	记	008	交纳上月应交增值税和城建税		1530100	1912389	□
12	15	记	009	收到前欠货款	200000		1932389	□
12	15	记	010	提取现金备发工资		9000000	1032389	□
12	17	记	011	购入原材料，验收入库		7020000	330389	□
12	19	记	012	购汽油		220000	308389	□
12	19	记	013	销售产品，收到货款	4680000		776389	□
12	20	记	016	归还短期借款本息		4223000	354089	□
12	23	记	019	支付物业费		240000	330089	□
12	28	记	022	销售产品，款已收	2340000		564089	□
12	30	记	025	将现金存入银行	20650		566154	□
				过次页	626497833	699249212	566154	□

图 3－8－1

银行存款日记账

第 45 页

开户行：中国工商银行上海分行

账 号：9087001009091234441

2018年 月	日	凭证 种类	号数	摘要	借方	贷方	余额	核对
12	31			承前页	626497833	699249212	5661549	□
12	31	记	026	收到存款利息	210000		5871549	□
12	31			本月合计	18050653	28679101	5871549	□
12	31			本年累计	626707833	699249212	5871549	□
12	31			结转下年			5871549	□
								□
								□

图 3－8－2

3.8.5 实训引导

（1）一定时期内应记入账簿的经济业务全部登记入账后，计算记录本期发生额及期末余额，并将余额结转下期或新的账簿。

（2）建议实训时间 0.5 课时。

3.9 实训九 对账

3.9.1 实训目的

掌握对账方法。

3.9.2 实训任务

审核凭证，进行账证相符、账账相符、账实相符和账表相符的核对。

3.9.3 理论精要回顾

- 对账。

对账就是按照一定的方法和手续核对账目，主要是对账簿记录进行核对、检查。按照会计基础工作规范的要求，各单位应当定期将会计账簿记录的有关数字与库存实物、货币资金、有价证券与往来单位或个人等进行相互核对，保证账证相符、账账相符、账实相符和账表相符，对账工作每年至少进行一次。对账的目的是保证账簿记录的真实、准确。对账的内容主要包括账证核对、账账核对、账实核对、账表核对。

- 账证相符。

账证相符是会计账簿记录与会计凭证有关内容核对相符的简称。保证账证相符，也是会计核算的基本要求。会计账簿记录是根据会计凭证等资料编制的，两者之间存在逻辑联系。因此，通过账证核对，可以检查、验证会计账簿和会计凭证的内容是否正确无误，以保证会计资料真实、完整。各单位应当定期将会计账簿记录与其相应的会计凭证（包括时间、编号、内容、金额、记账方向等）逐项核对，检查是否一致。如果发现有不一致之处，应当及时查明原因，并按照规定予以更正。

- 账账相符。

账账相符是会计账簿之间相对应记录核对相符的简称。保证账账相符，同样是会计核算的基本要求。由于会计账簿之间，包括总账各账户之间、总账与明细账之间、总账与日记账之间、会计机构的财产物资明细账与保管部门、使用部门的有关财产物资明细账之间等相对应的记录存在着内在联系，通过定期核对，可以检查、验证会计账簿记录的正确性，便于发现问题，纠正错误，保证会计资料的真实、完整和准确无误。

- 账实相符。

账实相符是账簿记录与实物、款项实有数核对相符的简称。保证账实相符，是会计核算的基本要求。由于会计账簿记录是实物款项使用情况的价值量反映，实物款项的增减变化情况，必须在会计账簿记录上如实记录、登记。因此，通过会计账簿记录的正确性，发现财产物资和现金管理中存在的问题，有利于查明原因、明确责任，有利于改进管理、提高效益，有利于保证会计资料真实、完整。

- 账表相符。

账表相符是会计账簿记录与会计报表有关内容核对相符的简称。保证账表相符，同样也是会计核算的基本要求。由于会计报表是根据会计账簿记录及有关资料编制的，所以两者之间存在着相对应的关系。因此，通过检查会计报表各项目的数据与会计账簿有关数据是否一致，确保会计信息的质量。

3.9.4 实训内容

- 账账核对（制造费用）。

2018 年 4 月，北京化工有限公司会计根据背景资料判断总账跟多栏式明细账是否相符，并在判断结果前打钩（图 3－9－1）。

☐ 相符

☐ 不相符

图 3－9－1

原始单据如图 3－9－2、图 3－9－3 所示。

分页：15　总页：50

总分类账

科目：制造费用

2018年 月	日	凭证 字	号	摘要	借方	贷方	借或贷	余额	√
				承前页	28606.00	28606.00	平	0.00	
04	30	科汇		本月发生额累计数	9500.00	9500.00	平	0.00	
				本月合计	9500.00	9500.00	平	0.00	

图 3－9－2

正面　分页：……总页：……

背面　一级科目：制造费用

二级科目：……

2018年 月	日	凭证号数	摘要	借方	贷方	借或贷	余额	工资	办公费
			承前页	28606.00	28606.00	平	0.00		
04	07	现付010	报销办公用品费用	200.00		借	200.00		200.00
04	13	银付016	支付修理费用	1600.00		借	1800.00		
04	18	银付022	支付上月车间用水电费	3300.00		借	5100.00		
04	29	转065	计提折旧费用	2400.00		借	7500.00		
04	30	转080	计提本月工资	5500.00		借	13000.00	5500.00	
04	30	转110	结转制造费用		13000.00	平	0.00	5500.00	200.00
04	30		本月合计	13000.00	13000.00	平	0.00		
			本年累计	41606.00	41606.00	平	0.00		

图 3－9－3

- 账证核对（管理费用）。

2018 年 4 月，北京化工有限公司会计根据背景资料判断记账凭证跟明细账是否相符，并在判断结果前打钩（图 3－9－4）。

□ 相符

□ 不相符

图 3－9－4

原始凭证如图 3－9－5～图 3－9－10 所示。

正面 分页:……总页:……

背面 一级科目:管理费用

二级科目:

2018年月	日	凭证号数	摘要	借方	贷方	借或贷	余额	办公费用	维修费
			承前页	6652520	6652520	平	000		
04	02	现付004	购买办公用品	12000		借	12000	12000	
04	04	银付011	打印机维修费	60000		借	72000		60000
04	07	银付022	报销电话费	185600		借	257600		
04	09	银付029	4月份水电费	1276740		借	1534340		
04	12	现付015	差旅费	570000		借	2104340		

图 3－9－5

付款凭证

贷方科目：库存现金　　2018年04月02日　　现付字第 004 号

摘要	借方科目 总账科目	借方科目 明细科目	记账	金额
购买办公用品	管理费用	办公用品	✓	12000
		纸质背景图		
合计				¥12000

附单据 2 张

会计主管：郑儒　记账：张哲　出纳：马雌　复核：王二　制单：崔亮

图 3－9－6

付款凭证

贷方科目：银行存款　　2018年04月04日　　银付字第 011 号

摘要	借方科目：总账科目	借方科目：明细科目	记账	金额（千百十万千百十元角分）
打印机维修费	管理费用	维修费用	√	60000
合计				￥60000

附单据 2 张

会计主管：郑镭　记账：张哲　出纳：马峰　复核：王二　制单：崔亮

图 3-9-7

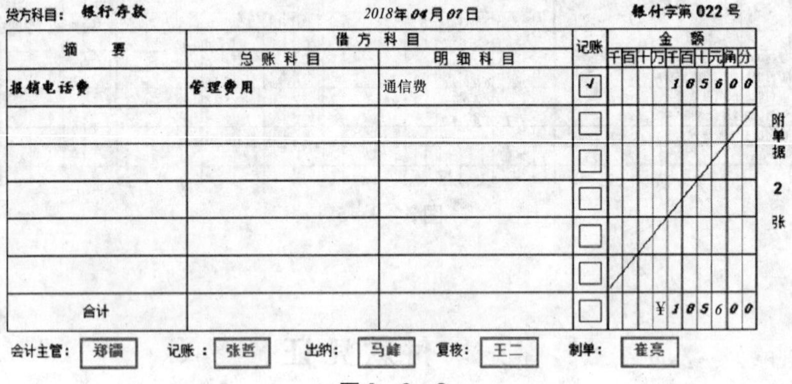

付款凭证

贷方科目：银行存款　　2018年04月07日　　银付字第 022 号

摘要	借方科目：总账科目	借方科目：明细科目	记账	金额（千百十万千百十元角分）
报销电话费	管理费用	通信费	√	185600
合计				￥185600

附单据 2 张

会计主管：郑镭　记账：张哲　出纳：马峰　复核：王二　制单：崔亮

图 3-9-8

付款凭证

贷方科目：银行存款　　2018年04月09日　　银付字第 029 号

摘要	借方科目：总账科目	借方科目：明细科目	记账	金额（千百十万千百十元角分）
4月份水电费	制造费用	水电费	√	1058705
	管理费用	水电费	√	218035
合计				￥1276740

附单据 2 张

会计主管：郑镭　记账：张哲　出纳：马峰　复核：王二　制单：崔亮

图 3-9-9

付款凭证

贷方科目：库存现金　　2018年04月12日　　现付字第015号

摘要	借方科目 总账科目	借方科目 明细科目	记账	金额
报销差旅费	管理费用	差旅费	✓	570000
合计				￥570000

附单据 2 张

会计主管：郑镭　记账：张哲　出纳：马峰　复核：王二　制单：崔亮

图 3-9-10

3.9.5 实训引导

（1）账证相符、账账相符、账实相符和账表相符的核对。

（2）建议实训时间0.5课时。

3.10 实训十 错账更正

3.10.1 实训目的

掌握错账更正的方法。

3.10.2 实训任务

审核凭证，练习错账更正的程序。

3.10.3 理论精要回顾

- 错账的更正。

登账过程中，如果粗心大意，可能会发生重记、漏记、数字颠倒、数字错位、数字记错、科目记错、借贷方向记反等错误而造成错账，继而影响会计信息的准确性。所以，在对账过程中一旦发现错账，应及时选用正确的更正方法予以更正。错账更正的方法主要有划线更正法、红字更正法、补充登记法三种。

- 划线更正法。

划线更正法，指原记账凭证无误，只是在登账时因笔误造成账面数字或会计科目出现错误的情况下采用的一种更正方法。账簿记录发生这种错误后，会计人员用红笔在全部数字上划一条红线，同时在数字上签名或盖章，并在数字上方空格内填写正确数字即可。

• 红字更正法。

红字更正法，指在原记账凭证中应借、应贷科目有误，或者原记账凭证应借、应贷科目无误，只是所记金额大于应记金额而造成的错账的情况下所采用的一种更正方法。具体的做法是：①若原记账凭证中应借、应贷科目有误，先编制一张金额为红字，应借、应贷科目与原来错误记账凭证相同的记账凭证，并据以用红字金额登记有关账簿，冲销原来的错误记录；然后再用蓝字编制一张正确的记账凭证，并据以登记有关账簿。②若原记账凭证中应借、应贷科目无误，只是所记金额大于应记金额，应编制一张内容与原记账凭证相同，但金额为红字，且该红字为所记金额与应记金额之差额的记账凭证，然后据以登记有关账簿，从而将该账户中多记金额冲销。

• 补充登记法。

补充登记法，指在原记账凭证中应借、应贷科目无误，只是所记金额小于应记金额而造成错账的情况下所采用的一种更正方法。具体的做法是：用蓝字编制一张与原来借贷科目相同的记账凭证，金额为所记金额与应记金额之间的差额，并据以登记有关账簿，从而将少记金额补充登记到该账户中。

3.10.4 实训内容

• 会计科目错误的更正。

2018 年 5 月 31 日，北京化工有限公司发现 2018 年 5 月 1 日车间生产产品领用原材料 3 500.00 元相应的记账凭证编制有误，填制红字凭证进行冲销（图 3－10－1、图 3－10－2）。（凭证编号：138）

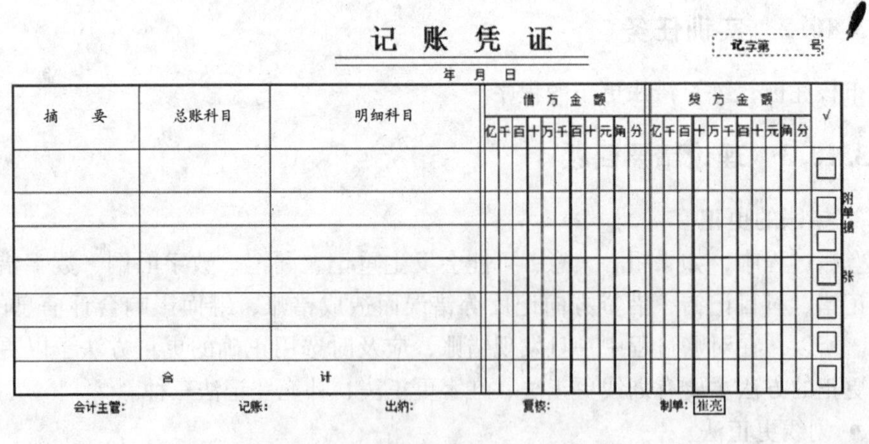

记 账 凭 证

记字第　　号

年　月　日

摘要	总账科目	明细科目	借方金额											贷方金额											√
			亿	千	百	十	万	千	百	十	元	角	分	亿	千	百	十	万	千	百	十	元	角	分	
	合	计																							

附单据　张

会计主管：　记账：　出纳：　复核：　制单：崔亮

图 3－10－1

记账凭证

记字第　　号

年　月　日

摘　要	总账科目	明细科目	借方金额（亿千百十万千百十元角分）	贷方金额（亿千百十万千百十元角分）	√
合　计					

附单据　张

会计主管：　记账：　出纳：　复核：　制单：

图 3－10－2

参考资料如图 3－10－3～图 3－10－5 所示。

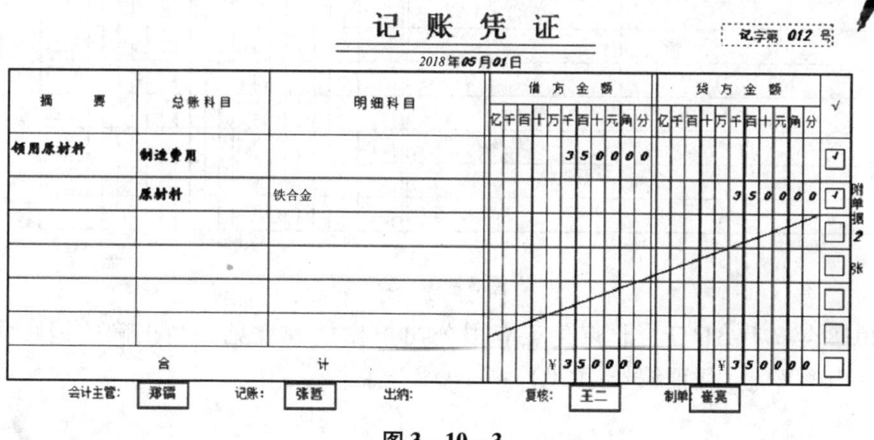

记账凭证

记字第 012 号

2018年05月01日

摘　要	总账科目	明细科目	借方金额（亿千百十万千百十元角分）	贷方金额（亿千百十万千百十元角分）	√
领用原材料	制造费用		350000		√
	原材料	铁合金		350000	√
合　计			¥350000	¥350000	

附单据 2 张

会计主管：郑福　记账：张哲　出纳：　复核：王二　制单：崔寞

图 3－10－3

领　料　单

领料部门：生产车间

用　　途：生产钢材

2018 年　05 月　01 日　　02 第　　12 号

材料 编号	材料 名称	材料 规格	单位	数量 请领	数量 实发	成本 单价	成本 总价（百十万千百十元角分）
02	铁合金		千克	700.00	700.00		
合 计							

会计联

部门经理：李永宾　会计：崔亮　仓库：黄宠明　经办人：于军

图 3－10－4

发出材料计算表

材料品名	计量单位	期初结存数量	本期购入数量	期初结存金额	本期购入金额	单位成本	生产耗用	
							钢材	
							数量	金额
铁合金	KG	210	1000	1050.00	5000.00	5.00	700	3500.00

审核：郑镭　　　　制表：崔亮

图 3－10－5

• 会计科目及金额错误的更正

2018 年 7 月 31 日，北京化工有限公司发现记账凭证编制有误，根据相关资料填制红字冲销凭证（图 3－10－6）。（凭证编号：069）

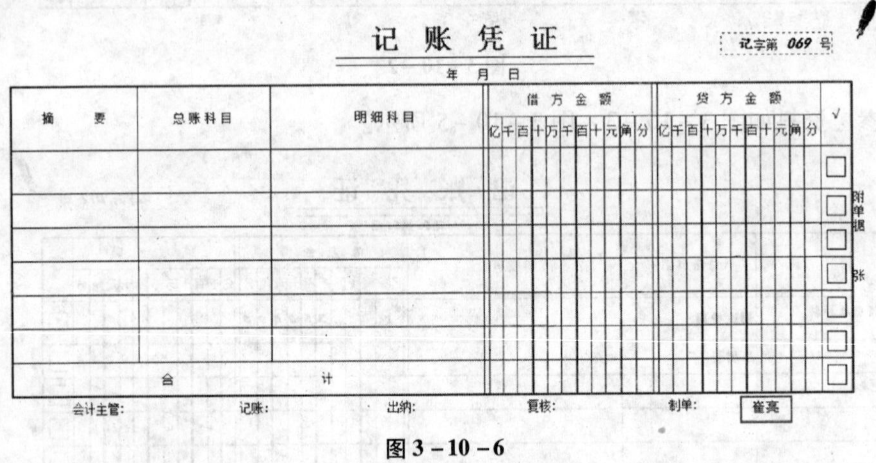

记 账 凭 证　　记字第 069 号

年 月 日

摘要	总账科目	明细科目	借方金额（亿千百十万千百十元角分）	贷方金额（亿千百十万千百十元角分）	√
合计					

附单据 张

会计主管：　记账：　出纳：　复核：　制单：崔亮

图 3－10－6

2018 年 7 月 31 日，北京化工有限公司根据处理意见编制正确的记账凭证（图 3－10－7）。（凭证编号：070）

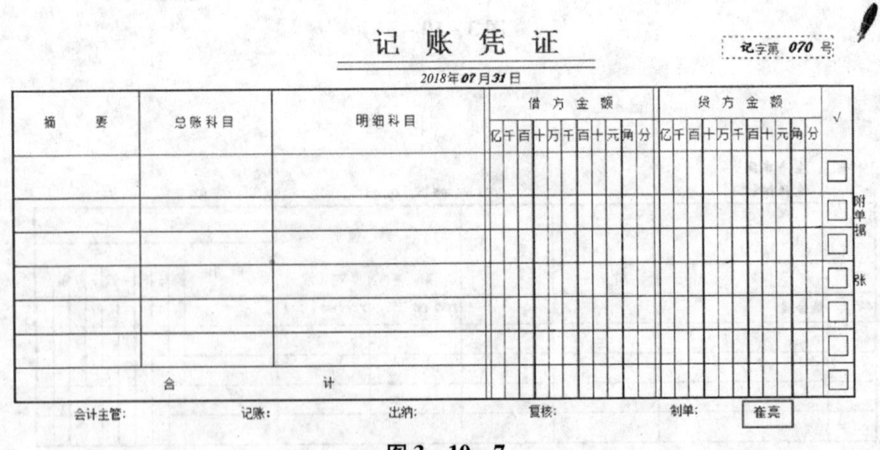

记 账 凭 证　　记字第 070 号

2018年07月31日

摘要	总账科目	明细科目	借方金额（亿千百十万千百十元角分）	贷方金额（亿千百十万千百十元角分）	√
合计					

附单据 张

会计主管：　记账：　出纳：　复核：　制单：崔亮

图 3－10－7

参考资料如图 3－10－8～图 3－10－9 所示。

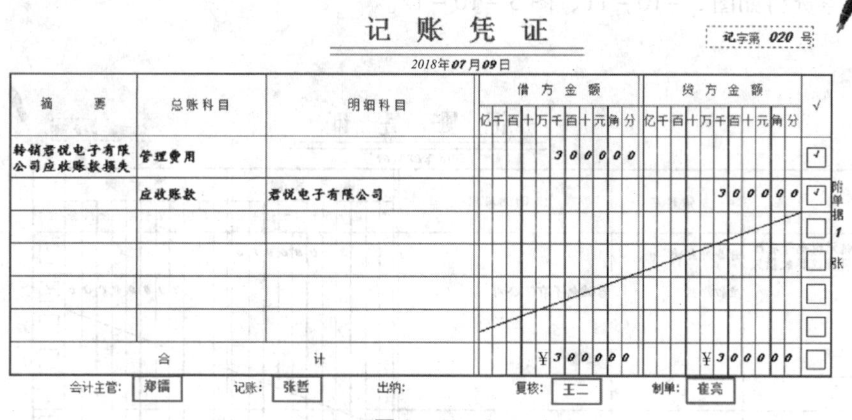

记 账 凭 证

记字第 020 号

2018年07月09日

摘要	总账科目	明细科目	借方金额	贷方金额	√
转销君悦电子有限公司应收账款损失	管理费用		300000		√
	应收账款	君悦电子有限公司		300000	√
合计			￥300000	￥300000	

附单据 1 张

会计主管：郑儒　记账：张哲　出纳：　复核：王二　制单：崔亮

图 3 – 10 – 8

坏账损失处理意见

兹因君悦电子有限公司破产倒闭，其应收账款人民币（大写）金额叁万元整，已确认无法收回，请予确认为坏账损失。

总经理批示：经公司研究，可确认为坏账损失。

总经理签字：王靓瑛

2018年07月09日

图 3 – 10 – 9

- 金额错误的更正。

2018 年 7 月 31 日，北京化工有限公司根据相关资料更正错误的记账凭证（图 3 – 10 – 10）。（凭证编号：087）

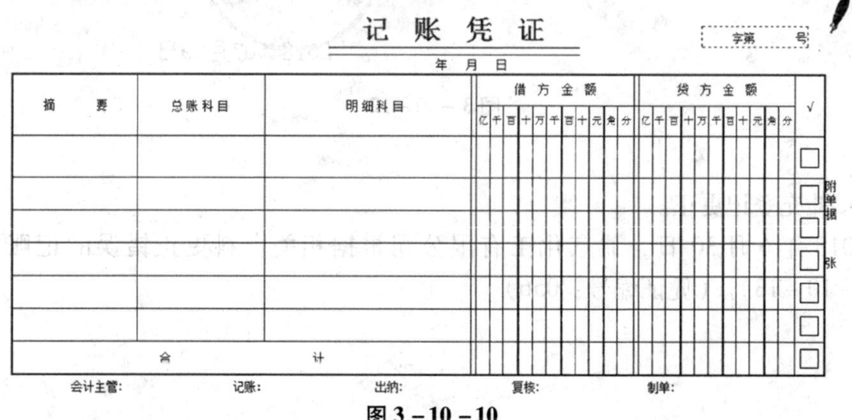

记 账 凭 证

字第　号

年　月　日

摘要	总账科目	明细科目	借方金额	贷方金额	√
合计					

附单据　张

会计主管：　记账：　出纳：　复核：　制单：

图 3 – 10 – 10

参考资料如图 3 – 10 – 11、图 3 – 10 – 12。

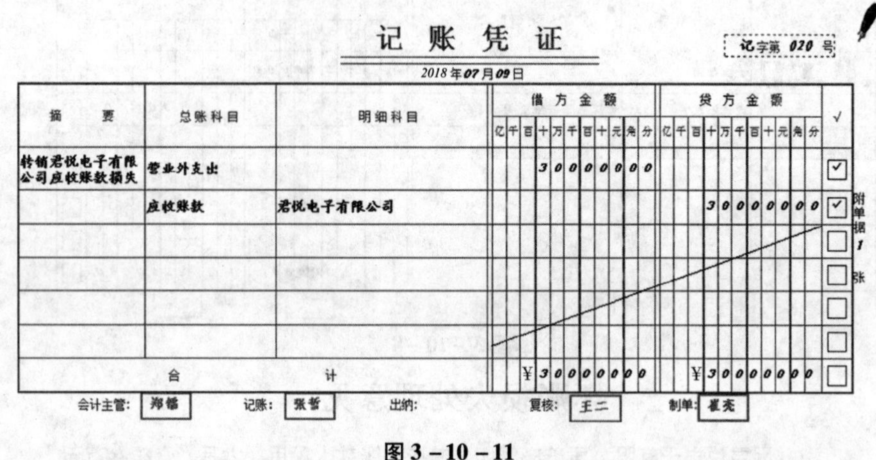

记 账 凭 证

记字第 020 号

2018 年 07 月 09 日

摘要	总账科目	明细科目	借方金额	贷方金额	√
转销君悦电子有限公司应收账款损失	营业外支出		30000000		✓
	应收账款	君悦电子有限公司		30000000	✓
合计			¥30000000	¥30000000	

附单据 1 张

会计主管：郑锴　记账：张哲　出纳：　复核：王二　制单：崔亮

图 3 – 10 – 11

坏账损失处理意见

兹因君悦电子有限公司破产倒闭，其应收账款人民币（大写）金额叁万元整，已确认无法收回，请予确认为坏账损失。

总经理批示：经公司研究，可确认为坏账损失。

总经理签字：王靓瑛

2018年07月09日

图 3 – 10 – 12

• 补充登记更正。

2018 年 6 月 30 日，北京化工有限公司根据相关资料更正错误的记账凭证（图 3 – 10 – 13）。（凭证编号：056）

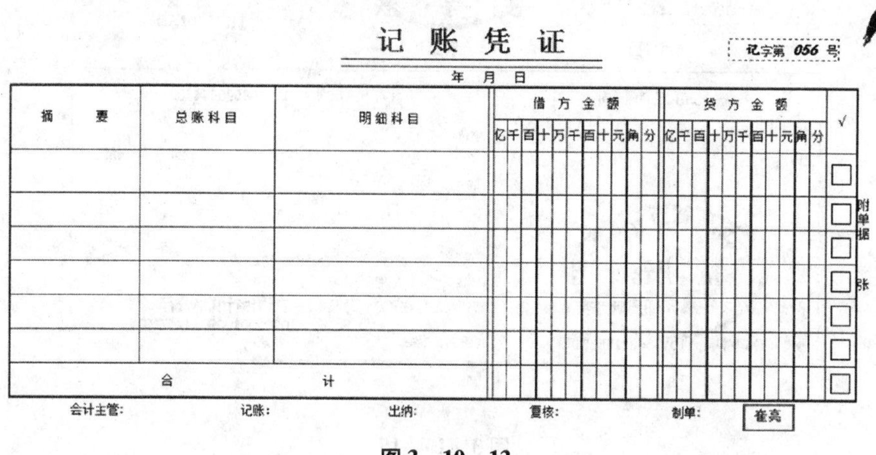

记账凭证

记字第 056 号

年 月 日

摘要	总账科目	明细科目	借方金额	贷方金额	√
合计					

附单据 张

会计主管： 记账： 出纳： 复核： 制单：崔亮

图 3－10－13

参考资料如图 3－10－14、图 3－10－15 所示。

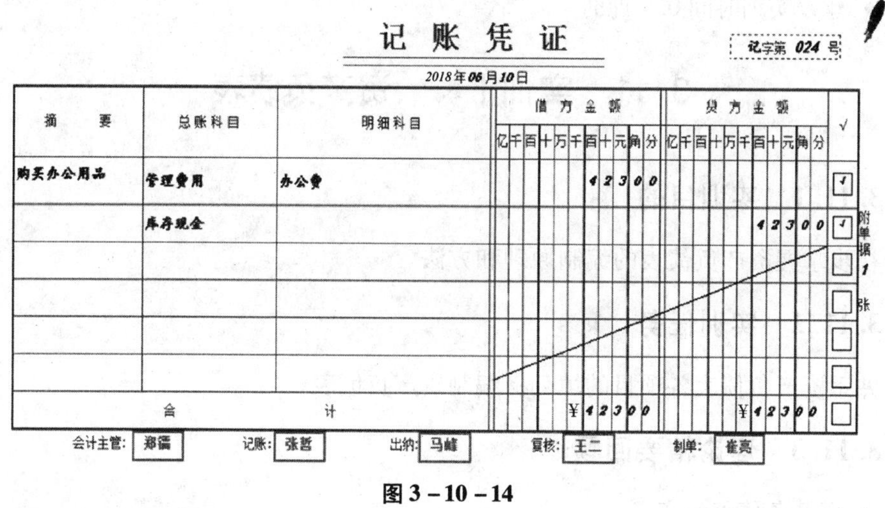

记账凭证

记字第 024 号

2018年06月10日

摘要	总账科目	明细科目	借方金额	贷方金额	√
购买办公用品	管理费用	办公费	42300		√
	库存现金			42300	√
合计			¥42300	¥42300	

附单据 1 张

会计主管：郑镭 记账：张哲 出纳：马峰 复核：王二 制单：崔亮

图 3－10－14

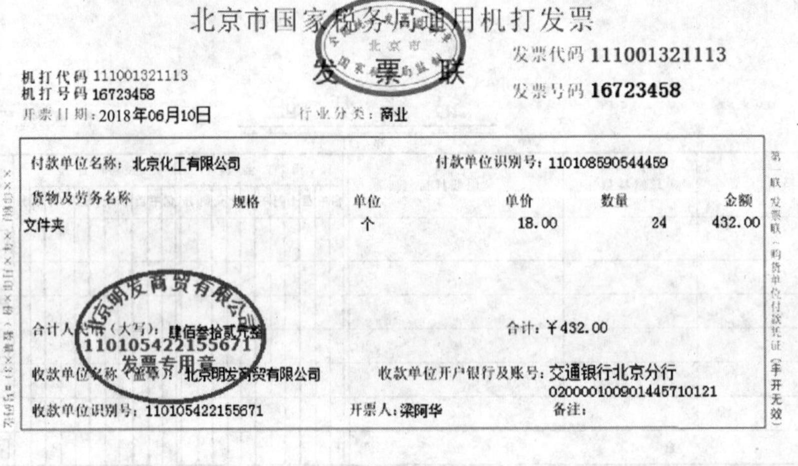

北京市国家税务局通用机打发票

发票联

机打代码 111001321113
机打号码 16723458
开票日期：2018年06月10日

发票代码 111001321113
发票号码 16723458

行业分类：商业

付款单位名称：北京化工有限公司　　付款单位识别号：110108590544459

货物及劳务名称	规格	单位	单价	数量	金额
文件夹		个	18.00	24	432.00

合计人民币（大写）：肆佰叁拾贰元整　　合计：￥432.00

收款单位名称（盖章）：北京明发商贸有限公司　　收款单位开户银行及账号：交通银行北京分行 020000100901445710121

收款单位识别号：110105422155671　　开票人：梁阿华　　备注：

第一联 发票联（购货单位付款凭证）（手开无效）

图 3 –10 –15

3.10.5　实训引导

- 红字更正法中操作红字的方法：点击记账凭证右上边的 ✎ 图样即可显示红色数字。
- 建议实训时间 0.5 课时。

3.11　实训十一　资产负债表

3.11.1　实训目的

初步掌握资产负债表的编制原理和方法。

3.11.2　实训任务

熟悉资产负债表各项目的填列；编制资产负债表。

3.11.3　理论精要回顾

- 资产负债表的定义。

资产负债表是反映企业在某一特定日期的财务状况的会计报表。也就是说资产负债表提供的是某一个时点的数据。例如，2018 年 7 月 31 日的资产负债表，反映的就是该日的财务状况。

- 资产负债表列报总体要求。

（1）分类别列报。

资产负债表应如实反映企业在资产负债表日所拥有的资源、所承担的负债以及所有者所拥有的权益。因此，资产负债表应当按照资产、负债和所有者权益三大类别分类列报。

资产和负债按流动性列报。资产和负债应当按照流动性列示，资产分为流动资产和非流动资产，负债分为流动负债和非流动负债。流动性通常按资产的变现或耗用时间长短或者负债的偿还时间长短来确定，先列报流动性强的资产或负债，再列报流动性弱的资产或负债。

（2）列报相关的合计、总计项目。

资产负债表中的资产类至少应当列示流动资产和非流动资产的合计项目；负债类至少应当列示流动负债、非流动负债的合计项目；所有者权益类应当列示所有者权益的合计项目。

另外，资产负债表应当遵循“资产 = 负债 + 所有者权益”这一会计恒等式，因此应当分别列示资产总计项目和负债与所有者权益之和的总计项目，并且这两者的金额应当相等。

- 资产负债表各项目数据来源。

（1）直接根据总账科目的余额填列。如“短期借款”项目，直接根据“短期借款”总账科目的期末余额填列。

（2）根据明细科目的余额填列。如“应收账款”项目，根据“应收账款”“预收账款”科目的有关明细科目的期末借方余额计算填列。

（3）根据几个总账科目的期末余额合计数填列。如“货币资金”项目，根据“库存现金”“银行存款”“其他货币资金”科目的期末总账余额合计数填列。

（4）根据有关科目的期末余额分析计算填列。如“一年内到期的长期负债”项目，根据各“长期负债”科目的期末余额分析计算填列。

（5）反映资产账户与有关备抵账户抵销过程，以反映其净额。如“短期投资”项目减去“短期投资跌价损失准备”项目后得到“短期投资净额”。

3.11.4 实训内容

- 编制资产负债表。

根据相关资料编制资产负债表（图 3－11－1）。（暂不考虑年初数）

原始单据如图 3－11－2 所示。

资产负债表

会小企 01 表

编制单位： 年 月 日 单位：元

资产	行次	期末余额	年初余额	负债和所有者权益(或股东权益)	行次	期末余额	年初余额
流动资产：				流动负债：			
货币资金	1		略	短期借款	31		略
短期投资	2			应付票据	32		
应收票据	3			应付账款	33		
应收账款	4			预收账款	34		
预付账款	5			应付职工薪酬	35		
应收股利	6			应交税费	36		
应收利息	7			应付利息	37		
其他应收款	8			应付利润	38		
存货	9			其他应付款	39		
其中：原材料	10			其他流动负债	40		
在产品	11			流动负债合计	41		
库存商品	12			非流动负债：			
周转材料	13			长期借款	42		
其他流动资产	14			长期应付款	43		
流动资产合计	15			递延收益	44		
非流动资产：				其他非流动负债	45		
长期债券投资	16			非流动负债合计	46		
长期股权投资	17			负债合计	47		
固定资产原价	18						
减：累计折旧	19						
固定资产账面价值	20						
在建工程	21						
工程物资	22						
固定资产清理	23						
生产性生物资产	24			所有者权益(或股东权益)：			
无形资产	25			实收资本	48		
开发支出	26			资本公积	49		
长期待摊费用	27			盈余公积	50		
其他非流动资产	28			未分配利润	51		
非流动资产合计	29			所有者权益(或股东权益)合计	52		
资产合计	30			负债和所有者权益（或股东权益）总计	53		

单位负责人： 会计主管： 复核： 制表：

图 3－11－1

账户余额表

编制单位：北京化工有限公司 2018年12月31日 单位：元

会计科目	借方余额	会计科目	贷方余额
库存现金	500.00	短期借款	40 000.00
银行存款	76 050.00	应付账款	13 000.00
其他货币资金	500.00	其他应付款	750.00
应收账款	8 000.00	应付职工薪酬	7 000.00
其他应收款	550.00	应付利息	4 400.00
原材料	350 000.00	应交税费	39 000.00
生产成本	30 000.00	累计折旧	230 000.00
库存商品	49 000.00	累计摊销	8 000.00
无形资产	35 550.00	实收资本	491 000.00
固定资产	628 000.00	盈余公积	268 000.00
预付账款	6 000.00	资本公积	4 000.00
固定资产清理	7 000.00	利润分配	86 000.00(贷方)
		——	——
合计	1 191 150.00		1 191 150.00

图 3－11－2

有关明细余额资料如下：

（1）应收账款——梅华公司（借方）1 000.00 元

应收账款——星光公司（贷方）2 000.00 元

（2）应付账款——庆华化工（借方）13 000.00 元

（3）其他应收款——李丽明（借方）550.00 元

（4）预付账款——昆山公司（借方）6 000.00 元

3.11.5 实训引导

（1）本实训编制资产负债表只是考虑在基础会计层面进行简单的表中各项目的填列。

（2）本实训需要学生掌握基本的资产负债表各项目填列知识。

（3）建议实训时间 1 课时。

3.12 实训十二 利润表

3.12.1 实训目的

初步掌握利润表的编制原理和方法。

3.12.2 实训任务

熟悉利润表各项目的填列；编制利润表。

3.12.3 理论精要回顾

• 利润表的定义。

利润表是反映企业在一定会计期间的经营成果的会计报表。也就是说利润表提供的是一定时期的数据。例如，2018 年 7 月份的利润表，反映的就是 7 月 1 日至 7 月 31 日这一期间的经营成果。

• 利润表的列报要求。

财务报表列报准则规定，企业应当采用多步式列报利润表，将不同性质的收入和费用类别进行对比，从而可以得出一些中间性的利润数据，便于使用者理解企业经营成果的不同来源。企业可以分如下三个步骤编制利润表：

第一步，以营业收入为基础，减去营业成本、税金及附加、销售费用、管理费用、财务费用、资产减值损失，加上公允价值变动损益和投资收益（减去投资损失），计算出营业利润。

第二步，以营业利润为基础，加上营业外收入，减去营业外支出，计算出利润总额。

第三步，以利润总额为基础，减去所得税费用，计算出净利润（或净亏损）。普通股或潜在普通股已公开交易的企业，以及正处于公开发行普通股或潜在普通股过程中的企业，还应当在利润表中列示每股收益信息。

- 利润表数据来源。

利润表数据一般应根据损益类科目的发生额分析填列。

3.12.4 实训内容

- 编制利润表。

根据相关资料编制北京南方股份有限公司 2018 年 7 月份的利润表（图 3－12－1）。（假设该企业所得税税率为 25%，且不存在纳税调整项目。）

利润表

会小企02表

编制单位： 年 月 单位：元

项目	行次	本年累计金额	本月金额
一、营业收入	1	略	
减：营业成本	2		
税金及附加	3		
其中：消费税	4		
城市维护建设税	5		
资源税	6		
土地增值税	7		
城镇土地使用税、房产税、车船税、印花税	8		
教育费附加、矿产资源补偿费、排污费	9		
销售费用	10		
其中：商品维修费	11		
广告费和业务宣传费	12		
管理费用	13		
其中：开办费	14		
业务招待费	15		
研究费用	16		
财务费用	17		
其中：利息费用（收入以“-”号填列）	18		
加：投资收益（损失以“-”号填列）	19		
二、营业利润（亏损以“-”号填列）	20		
加：营业外收入	21		
其中：政府补助	22		
减：营业外支出	23		
其中：坏账损失	24		
无法收回的长期债券投资损失	25		
无法收回的长期股权投资损失	26		
自然灾害等不可抗力因素造成的损失	27		
税收滞纳金	28		
三、利润总额（亏损总额以“-”号填列）	29		
减：所得税费用	30		
四、净利润（净亏损以“-”号填列）	31		

单位负责人： 会计主管： 复核： 制表：

图 3－12－1

原始单据如图 3－12－2 所示。

损益类账户发生额

单位：元

账户名称	12月份发生额
主营业务收入	2 000 000
其他业务收入	38 000
营业外收入	0
主营业务成本	1800 000
销售费用	40 000
税金及附加	20 000
其他业务成本	25 000
管理费用	22 000
财务费用	8 000
营业外支出	0

图 3－12－2

有关税金及附加明细补充资料如下：

（1）消费税 5 600 元。

（2）城建税 1 400 元。

（3）城镇土地使用税 2 000 元。

（4）房产税 3 000 元。

（5）车船税 1 600 元。

（6）印花税 4 200 元。

（7）教育费附加 1 000 元。

（8）排污费 1 200 元。

有关销售费用明细补充资料如下：

（1）商品维修费 18 000 元。

（2）广告费和业务宣传费 22 000 元。

有关管理费用明细补充资料如下：

（1）业务招待费 8 800 元。

（2）研究费用 2 640 元。

（3）差旅费 5 500 元。

有关财务费用明细补充资料如下：

利息费用 3 600 元。

3.12.5 实训引导

（1）本实训编制利润表还只是考虑在基础会计层面进行简单的表中各项目的填列。

（2）本实训需要学生掌握基本的利润表各项目填列知识。

（3）建议实训时间 0.5 课时

3.13 实训十三 银行存款余额调节表

3.13.1 实训目的

掌握银行存款清查、银行存款余额调节表的编制方法。

3.13.2 实训任务

根据给定的背景资料，编制银行存款余额调节表。

3.13.3 理论精要回顾

银行存款余额调节表，是在银行对账单余额与企业账面余额的基础上，各自加上对方已收、本单位未收账项数额，减去对方已付、本单位未付账项数额，以调整双方余额使其一致的一种调节方法。银行存款余额调节表的编制方法有3种，其计算公式如下：

- 企业账面存款余额 = 银行对账单存款余额 + 企业已收而银行未收账项 - 企业已付而银行未付账项 + 银行已付而企业未付账项 - 银行已收而企业未收账项
- 银行对账单存款余额 = 企业账面存款余额 + 企业已付而银行未付账项 - 企业已收而银行未收账项 + 银行已收而企业未收账项 - 银行已付而企业未付账项
- 银行对账单存款余额 + 企业已收而银行未收账项 - 企业已付而银行未付账项 = 企业账面存款余额 + 银行已收而企业未收账项 - 银行已付而企业未付账项

通过核对调节，“银行存款余额调节表”上的双方余额相等，一般可以说明双方记账没有差错。如果经调节仍不相等，要么是未达账项未全部查出，要么是一方或双方记账出现差错，需要进一步采用对账方法查明原因，加以更正。调节相等后的银行存款余额是当日可以动用的银行存款实有数。对于银行已经划账，而企业尚未入账的未达账项，要待银行结算凭证到达后，才能据以入账，不能以“银行存款调节表”作为记账依据。

3.13.4 实训内容

银行存款余额调节表的编制，如图3-13-1所示。

银行存款余额调节表

开户银行:交通银行北京分行　　账号:110007609048708091012　　2018年12月31日止

摘要	凭证号	金额											摘要	凭证号	金额										
		亿	千	百	十	万	千	百	十	元	角	分			亿	千	百	十	万	千	百	十	元	角	分
《银行存款日记账》余额													《银行对账单》余额												
加:银行已收,企业未收;													加:企业已收,银行未收;												
1													1												
2													2												
3													3												
4													4												
5													5												
6													6												
7													7												
减:银行已付,企业未付;													减:企业已付,银行未付;												
1													1												
2													2												
3													3												
4													4												
5													5												
6													6												
7													7												
8													8												
9													9												
10													10												
11													11												
12													12												
调节后余额													调节后余额												

财会主管:　　制表:　王海

图 3－13－1

原始单据如图 3－13－2、图 3－13－3 所示。

交通银行对账单

页码：02

账号：110007609048708091012　　单位名称：北京南方股份有限公司　　币种：人民币

年份：2018

日期	摘要	凭证种类	凭证号码	借方发生额	贷方发生额	余额
1221	承前页					380,500.00
1222	付购货款	转支	#3603	80,500.00		300,000.00
1227	支付广告费	转支	#3605	40,000.00		260,000.00
1229	存款利息	特转	#1902		5,900.00	265,900.00
1229	收回货款	委托收款	#1004		20,000.00	285,900.00
1230	收回货款	委托收款	#1005		40,000.00	325,900.00
1231	贷款利息	特转	#1906	3,000.00		322,900.00

图 3－13－2

银行存款日记账　　第 23 页

开户行：交通银行北京分行

账　号：110007609048708091012

2016年		凭证		摘要	借方	贷方	余额	核对
月	日	种类	号数		亿千百十万千百十元角分	亿千百十万千百十元角分	亿千百十万千百十元角分	
12	21			承前页	188600000	197870000	38050000	□
12	21	银付	20	购入材料		8050000	30000000	□
12	26	银付	21	支付广告费		4000000	26000000	□
12	28	银收	18	收回货款	2000000		28000000	□
12	30	银付	22	购办公用品		100000	27900000	□
12	30	银收	19	收回货款	4000000		31900000	□
12	31	银付	23	预付账款		5000000	26900000	□
12	31	银收	20	收回货款	1000000		27900000	□
12	31			本月合计	19500000	23150000	27900000	□
12	31			本年累计	195600000	215020000	27900000	□
12	31			结转下年			27900000	□
								□

图 3－13－3

3.13.5　实训引导

（1）根据提供的背景资料，首先确定哪些是银行已入账、企业尚未入账的事项，哪些是企业已经入账、银行尚未入账的事项；然后将银行存款日记账与银行对账单的月末余额及未达账项填入银行存款余额调节表；最后计算出调节后的银行存款余额。

（2）建议实训时间 0.5 课时。

3.14　实训十四　财产清查

3.14.1　实训目的

掌握财产清查的账务处理程序，熟悉操作流程。

3.14.2　实训任务

根据财产清查结果报告进行相关的账务处理。

3.14.3　理论精要回顾

财产清查发现财产盘盈、盘亏和毁损后，接着进行下列两个步骤的会计账务处理工作。

（1）将各部门发生的财产盘盈、盘亏和毁损情况，列表告知各部门主管人员，由该部门主管人员提出处理意见，经呈报单位主管审批同意后，进行资产账务处理，使账面数字与财产实物相同。将其财产盘盈、盘亏和毁损差额，转入“待处理财产损溢”账户。

（2）查明财产盘盈、盘亏和毁损原因后，经单位主管作出处理决定后，区别不同情况，从“待处理财产损溢”账户分别转入其他相关账户。也就是盘盈的资产记到“营业外收入”；盘亏或毁损的资产扣除过失人员或保险公司赔款及残余价值后，列入“营业外支出”。资产毁损属于非常损失的部分，扣除保险公司赔款及残余价值后，列入“营业外支出”。

3.14.4 实训内容

- 财产清查。

根据盘点报告（图 3－14－1）填制记账凭证（图 3－14－2、图 3－14－3）。

原材料盘点报告表

单位名称：北京化工有限公司　　2018 年 12 月 31 日　　单位：元

编号	类别及名称	计量单位	单价	实存		账存		对比结果				备注
								盘盈		盘亏		
				数量	金额	数量	金额	数量	金额	数量	金额	
01	丙酮	千克	100.00	2000.0	200000.00	1900.0	190000.00	100.00	10000.00			
02	乙烯	千克	50.00	3000.0	150000.00	3000.0	150000.00					

监盘人：高可欣　　盘点人：张艳　　（第 12 页共 12 页）

第一联财务联

图 3－14－1

记 账 凭 证

记字第 097 号

年 月 日

摘要	总账科目	明细科目	借方金额										贷方金额										√
			亿	千	百	十	万	千	百	十	元	角	分	亿	千	百	十	万	千	百	十	元	角	分	
合计																									

附单据 1 张

会计主管：　记账：　出纳：　复核：　制单：崔亮

图 3－14－2

经查明是收发计量错误导致盘盈，记入“营业外收入”。

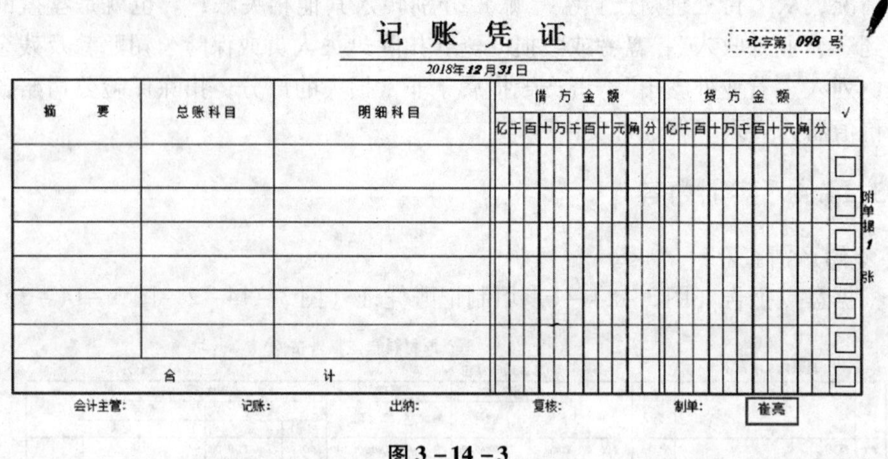

记 账 凭 证

记字第 098 号

2018年12月31日

摘 要	总账科目	明细科目	借方金额											贷方金额											√
			亿	千	百	十	万	千	百	十	元	角	分	亿	千	百	十	万	千	百	十	元	角	分	
合 计																									

附单据 1 张

会计主管：　记账：　出纳：　复核：　制单：雀高

图 3 – 14 – 3

3.14.5 实训引导

（1）财产清查后的会计处理可能会涉及中级财务会计的一些知识，特别是涉及新的会计处理方法，比如固定资产的盘盈处理。这就需要教师将这部分知识提前讲解。

（2）建议实训时间 0.5 课时。

3.15 实训十五 账务处理程序

3.15.1 实训目的

掌握汇总记账凭证账务处理程序、科目汇总表账务处理程序。

3.15.2 实训任务

根据记账凭证填制汇总记账凭证、科目汇总表。

3.15.3 理论精要回顾

- 汇总记账凭证账务处理程序。

汇总记账凭证账务处理程序是根据原始凭证或汇总原始凭证，定期分类编制汇总收款凭证、汇总付款凭证和汇总转账凭证，再根据汇总记账凭证登记总分类账的一种账务处理程序。其一般程序是：

（1）根据原始凭证编制汇总原始凭证。

（2）根据汇总原始凭证编制记账凭证。

（3）根据收款凭证、付款凭证逐笔登记现金日记账和银行存款日记账。

（4）根据原始凭证、汇总原始凭证和记账凭证，登记各种明细分类账。

（5）根据各种记账凭证编制有关汇总记账凭证。

（6）根据各种汇总记账凭证登记总分类账。

（7）期末，现金日记账、银行存款日记账和明细分类账的余额同有关总分类账的余额核对相符。

（8）期末，根据总分类账和明细分类账的记录，编制会计报表。

• 汇总记账凭证账务处理程序优缺点及适用范围。

汇总记账凭证账务处理程序减轻了登记总分类账的工作量，便于了解账户之间的对应关系。其缺点是：按每一贷方科目编制汇总转账凭证，不利于会计核算的日常分工，当转账凭证较多时，编制汇总转账凭证的工作量较大。该财务处理程序适用于规模较大、经济业务较多的单位。

• 科目汇总表账务处理程序。

科目汇总表账务处理程序又称记账凭证汇总表账务处理程序，它是根据记账凭证定期编制科目汇总表，再根据科目汇总表登记总分类账的一种账务处理程序。其一般程序是：

（1）根据原始凭证编制汇总原始凭证。

（2）根据汇总原始凭证编制记账凭证。

（3）根据收款凭证、付款凭证逐笔登记现金日记账和银行存款日记账。

（4）根据原始凭证、汇总原始凭证和记账凭证登记各种明细分类账。

（5）根据各种记账凭证编制科目汇总表。

（6）根据科目汇总表登记总分类账。

（7）期末，现金日记账、银行存款日记账和明细分类账的余额同有关总分类账的余额核对相符。

（8）期末，根据总分类账和明细分类账的记录，编制会计报表。

• 科目汇总表账务处理程序优缺点及适用范围。

科目汇总表账务处理程序减轻了登记总分类账的工作量，并可做到试算平衡，简明易懂，方便易学。其缺点是：科目汇总表不能反映账户对应关系，不便于查对账目。它适用于经济业务较多的单位。

3.15.4 实训内容

根据背景资料按顺序编制汇总收款、付款凭证（图3-15-1、图3-15-2）。

汇总收款凭证

借方账户　　　　　2018年12月　　　　　第　　号

贷方账户	金额				总账页数	
	1-10日	11-20日	21-31日	合计	借方	贷方

附件　(1)自01日至10日　　收款凭证共　　张
(2)自11日至20日　　收款凭证共　　张
(3)自21日至31日　　收款凭证共　　张

图 3－15－1

汇总付款凭证

贷方账户:　　　　　年　月　　　　　第　　号

借方账户	金额				总账页数	
	1-10日	11-20日	21-31日	合计	借方	贷方

附件　(1)自01日至10日　　付款凭证共　　张
(2)自11日至20日　　付款凭证共　　张
(3)自21日至31日　　付款凭证共　　张

图 3－15－2

背景资料如图 3－15－3～图 3－15－16 所示。

收款凭证

借方科目：银行存款　　　　2018年12月01日　　　　收字第001号

摘要	贷方科目		记账	金额									
	总账科目	明细科目		千	百	十	万	千	百	十	元	角	分
收到大明公司欠的货款	应收账款	大明公司	□				5	0	0	0	0	0	0
			□										
			□										
			□										
			□										
			□										
合计			□			¥	5	0	0	0	0	0	0

附单据 1 张

会计主管：　　记账：　　出纳：　　复核：　　制单：陈光

图 3－15－3

收款凭证

借方科目：银行存款　　　　2018年12月08日　　　　收字第002号

摘要	贷方科目		记账	金额									
	总账科目	明细科目		千	百	十	万	千	百	十	元	角	分
收到货款	应收账款	北京职业中专学校	□				4	6	8	0	0	0	0
			□										
			□										
			□										
			□										
			□										
合计			□			¥	4	6	8	0	0	0	0

附单据 1 张

会计主管：　　记账：　　出纳：　　复核：　　制单：陈光

图 3－15－4

收款凭证

借方科目：库存现金　　2018年12月20日　　收字第003号

摘要	贷方科目 总账科目	明细科目	记账	千	百	十	万	千	百	十	元	角	分
收到职工还款	其他应收款	张刚	☐							8	0	0	0
			☐										
			☐										
			☐										
			☐										
			☐										
合计			☐						¥	8	0	0	0

附单据 1 张

会计主管：　　记账：　　出纳：　　复核：　　制单：陈光

图3－15－5

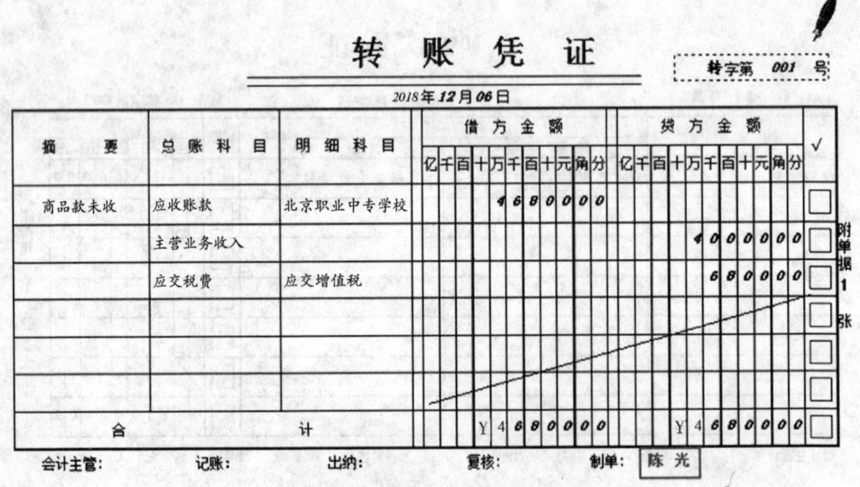

转账凭证

转字第 001 号

2018年12月06日

摘要	总账科目	明细科目	借方金额 亿	千	百	十	万	千	百	十	元	角	分	贷方金额 亿	千	百	十	万	千	百	十	元	角	分	√
商品款未收	应收账款	北京职业中专学校					4	6	8	0	0	0	0												☐
	主营业务收入																	4	0	0	0	0	0	0	☐
	应交税费	应交增值税																	6	8	0	0	0	0	☐
																									☐
																									☐
																									☐
合计						¥	4	6	8	0	0	0	0				¥	4	6	8	0	0	0	0	☐

附单据 1 张

会计主管：　　记账：　　出纳：　　复核：　　制单：陈光

图3－15－6

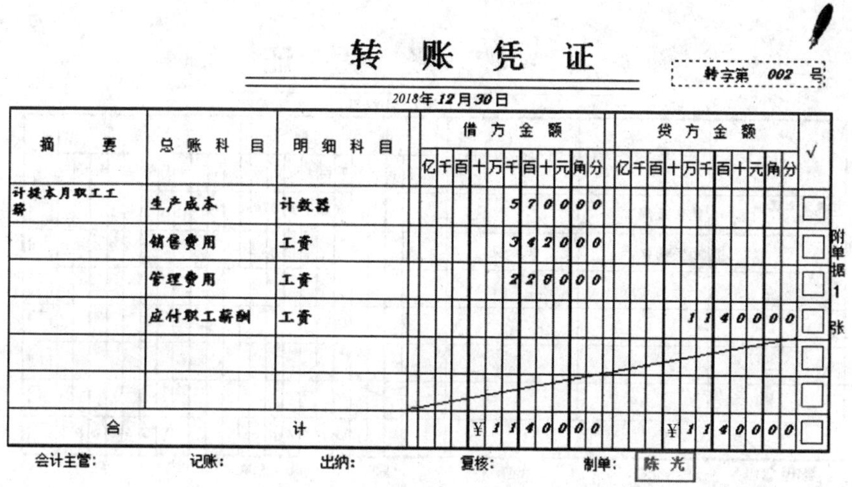

转 账 凭 证

转字第 002 号

2018年12月30日

摘要	总账科目	明细科目	借方金额	贷方金额	√
计提本月职工工薪	生产成本	计数器	570000		
	销售费用	工资	342000		
	管理费用	工资	228000		
	应付职工薪酬	工资		1140000	
合计			¥1140000	¥1140000	

附单据1张

会计主管： 记账： 出纳： 复核： 制单：陈光

图 3－15－7

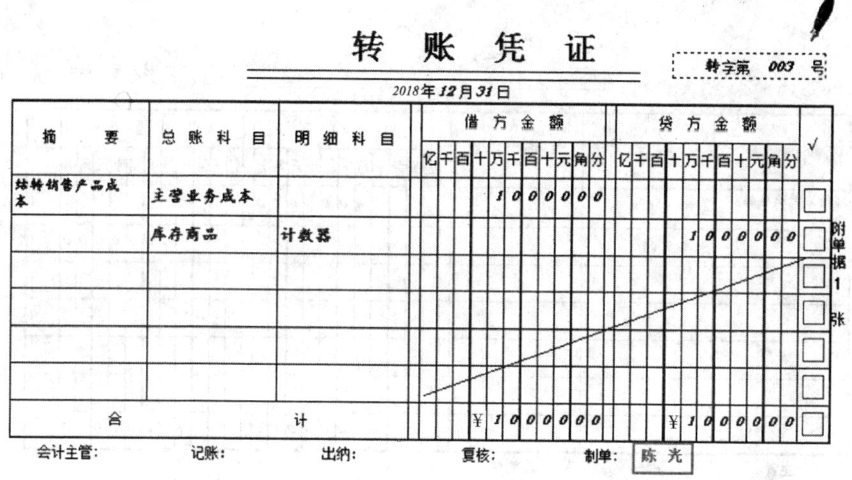

转 账 凭 证

转字第 003 号

2018年12月31日

摘要	总账科目	明细科目	借方金额	贷方金额	√
结转销售产品成本	主营业务成本		1000000		
	库存商品	计数器		1000000	
合计			¥1000000	¥1000000	

附单据1张

会计主管： 记账： 出纳： 复核： 制单：陈光

图 3－15－8

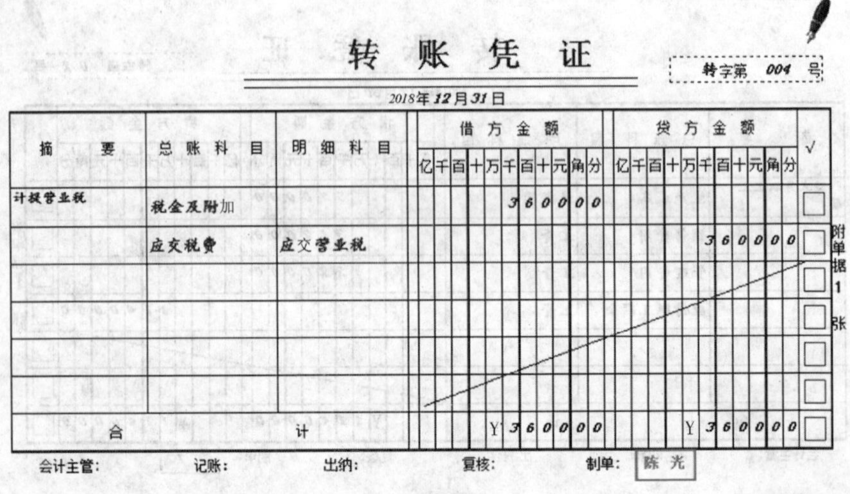

转 账 凭 证

转字第 004 号

2018年12月31日

摘要	总账科目	明细科目	借方金额（亿千百十万千百十元角分）	贷方金额（亿千百十万千百十元角分）	√
计提营业税	税金及附加		360000		
	应交税费	应交营业税		360000	
合		计	￥360000	￥360000	

附单据 1 张

会计主管: 记账: 出纳: 复核: 制单: 陈光

图 3－15－9

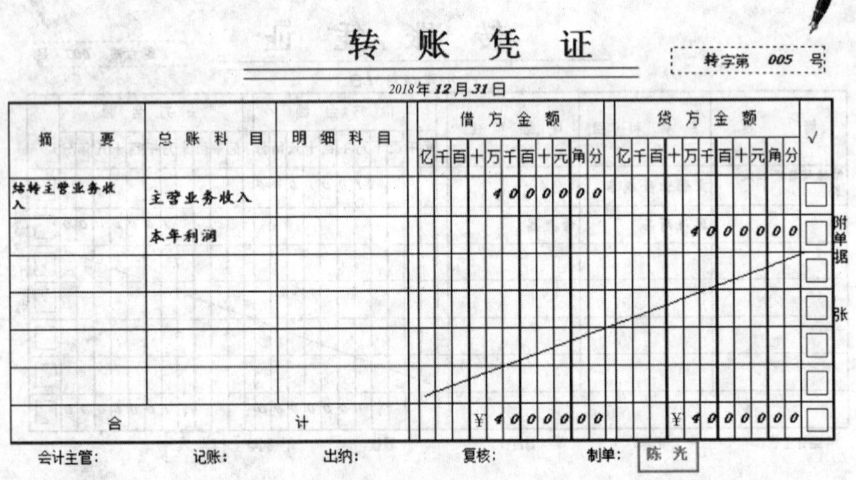

转 账 凭 证

转字第 005 号

2018年12月31日

摘要	总账科目	明细科目	借方金额（亿千百十万千百十元角分）	贷方金额（亿千百十万千百十元角分）	√
结转主营业务收入	主营业务收入		4000000		
	本年利润			4000000	
合		计	￥4000000	￥4000000	

附单据 张

会计主管: 记账: 出纳: 复核: 制单: 陈光

图 3－15－10

转 账 凭 证

转字第 006 号

2018年12月31日

摘要	总账科目	明细科目	借方金额（亿千百十万千百十元角分）	贷方金额（亿千百十万千百十元角分）	√
结转营业成本及税金	本年利润		1360000		
	主营业务成本			1000000	
	税金及附加			360000	
合计			¥1360000	¥1360000	

附单据 张

会计主管：　记账：　出纳：　复核：　制单：陈光

图 3－15－11

转 账 凭 证

转字第 007 号

2018年12月31日

摘要	总账科目	明细科目	借方金额（亿千百十万千百十元角分）	贷方金额（亿千百十万千百十元角分）	√
结转费用账户	本年利润		615000		
	管理费用			273000	
	销售费用			342000	
合计			¥615000	¥615000	

附单据 张

会计主管：　记账：　出纳：　复核：　制单：陈光

图 3－15－12

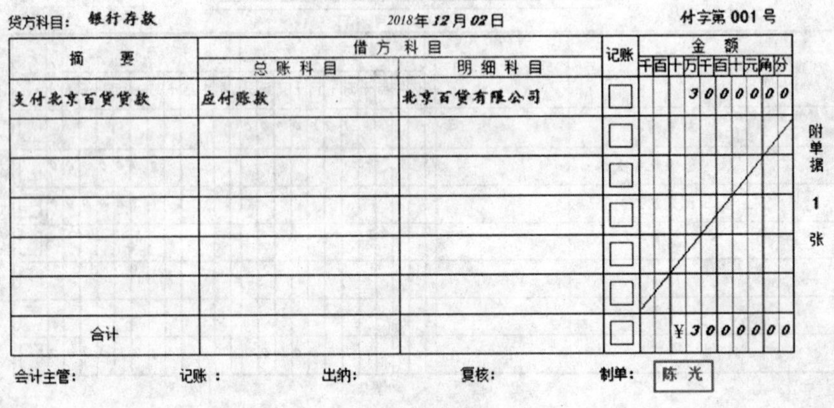

付款凭证

贷方科目：银行存款　　2018年12月02日　　付字第001号

摘要	借方科目 总账科目	借方科目 明细科目	记账	金额
支付北京百货货款	应付账款	北京百货有限公司		3000000
合计				¥3000000

附单据 1 张

会计主管：　记账：　出纳：　复核：　制单：陈光

图3－15－13

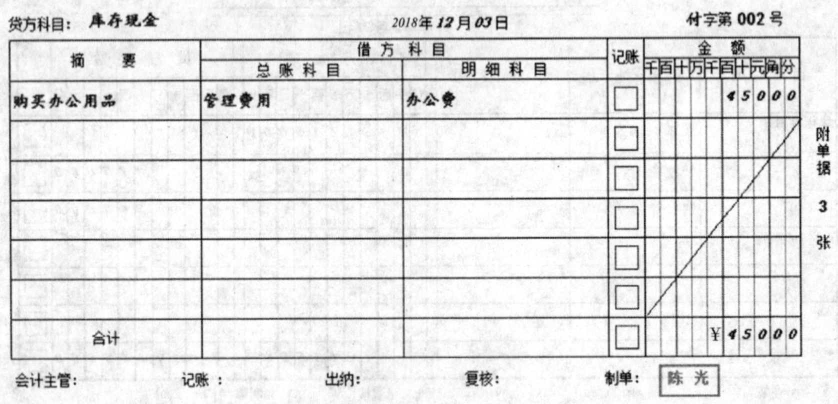

付款凭证

贷方科目：库存现金　　2018年12月03日　　付字第002号

摘要	借方科目 总账科目	借方科目 明细科目	记账	金额
购买办公用品	管理费用	办公费		45000
合计				¥45000

附单据 3 张

会计主管：　记账：　出纳：　复核：　制单：陈光

图3－15－14

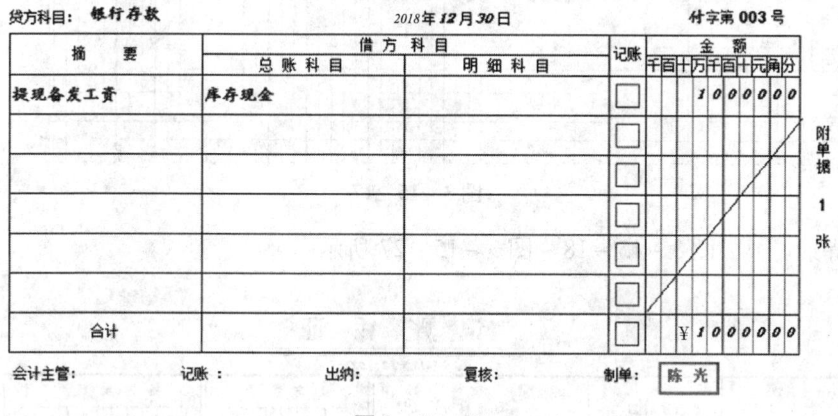

付款凭证

贷方科目：银行存款　　2018年12月30日　　付字第003号

摘要	借方科目		记账	金额									
	总账科目	明细科目		千	百	十	万	千	百	十	元	角	分
提现备发工资	库存现金						1	0	0	0	0	0	0
合计						¥	1	0	0	0	0	0	0

附单据 1 张

会计主管：　记账：　出纳：　复核：　制单：陈光

图 3－15－15

付款凭证

贷方科目：库存现金　　2018年12月30日　　付字第004号

摘要	借方科目		记账	金额									
	总账科目	明细科目		千	百	十	万	千	百	十	元	角	分
发放工资	应付职工薪酬	工资					1	0	0	0	0	0	0
合计						¥	1	0	0	0	0	0	0

附单据 1 张

会计主管：　记账：　出纳：　复核：　制单：陈光

图 3－15－16

根据背景资料按顺序登记现金总账（图 3－15－17）并进行结账。（已知 12 月期初借方累计发生额 100 000. 00 元，贷方累计发生额 98 000. 00 元，余额为借方 2 000. 00 元。）

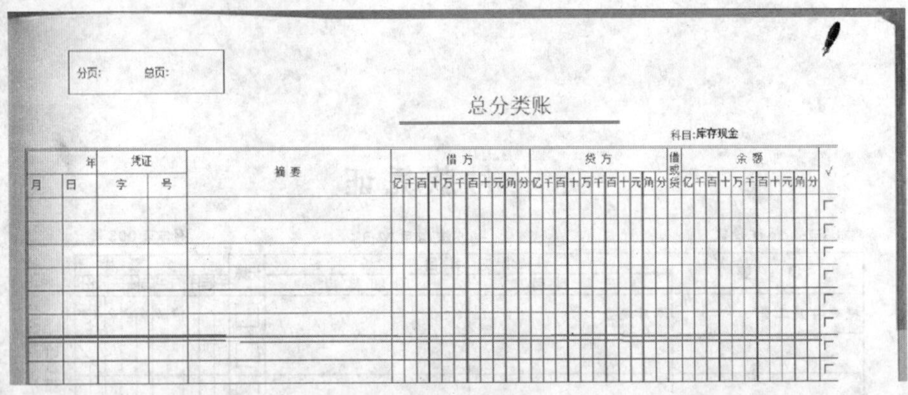

分页： 总页：

总分类账

科目：库存现金

年		凭证		摘要	借方	贷方	借或贷	余额	√
月	日	字	号		亿千百十万千百十元角分	亿千百十万千百十元角分		亿千百十万千百十元角分	

图 3－15－17

背景资料如图 3－15－18～图 3－15－27 所示。

记 账 凭 证

记字第 001 号

2018年12月02日

摘　要	总账科目	明细科目	借方金额（亿千百十万千百十元角分）	贷方金额（亿千百十万千百十元角分）	√
提现备用	库存现金		100000		
	银行存款			100000	
合　计			¥100000	¥100000	

附单据 1 张

会计主管： 记账： 出纳： 复核： 制单：陈亮

图 3－15－18

记 账 凭 证

记字第 002 号

2018年12月10日

摘　要	总账科目	明细科目	借方金额（亿千百十万千百十元角分）	贷方金额（亿千百十万千百十元角分）	√
提现备发工资	库存现金		1500000		
	银行存款			1500000	
合　计			¥1500000	¥1500000	

附单据 1 张

会计主管： 记账： 出纳： 复核： 制单：陈亮

图 3－15－19

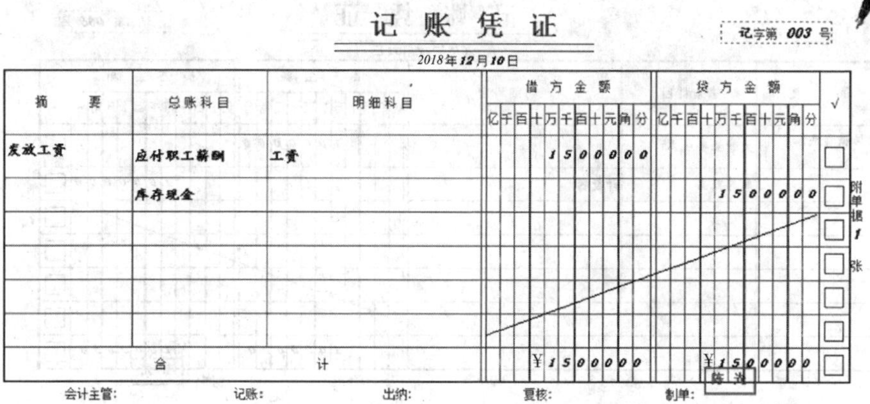

记 账 凭 证

记字第 003 号

2018年12月10日

摘要	总账科目	明细科目	借方金额	贷方金额	√
发放工资	应付职工薪酬	工资	1500000		
	库存现金			1500000	
合计			¥1500000	¥1500000	

附单据 1 张

会计主管: 记账: 出纳: 复核: 制单: 陈光

图 3－15－20

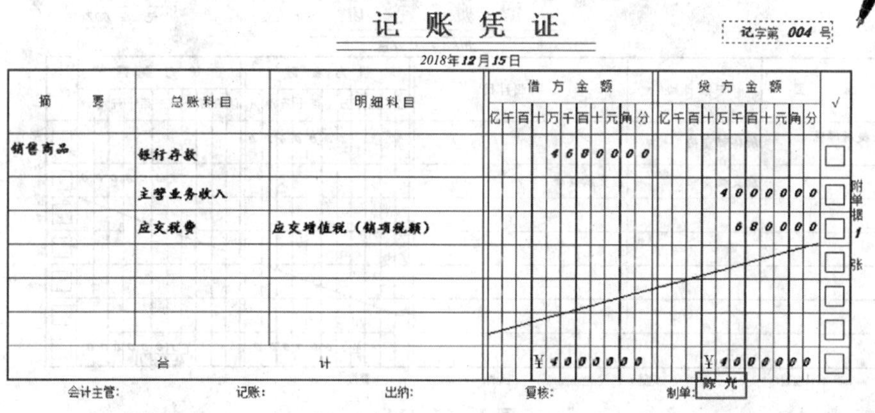

记 账 凭 证

记字第 004 号

2018年12月15日

摘要	总账科目	明细科目	借方金额	贷方金额	√
销售商品	银行存款		4680000		
	主营业务收入			4000000	
	应交税费	应交增值税（销项税额）		680000	
合计			¥4000000	¥4000000	

附单据 1 张

会计主管: 记账: 出纳: 复核: 制单: 陈光

图 3－15－21

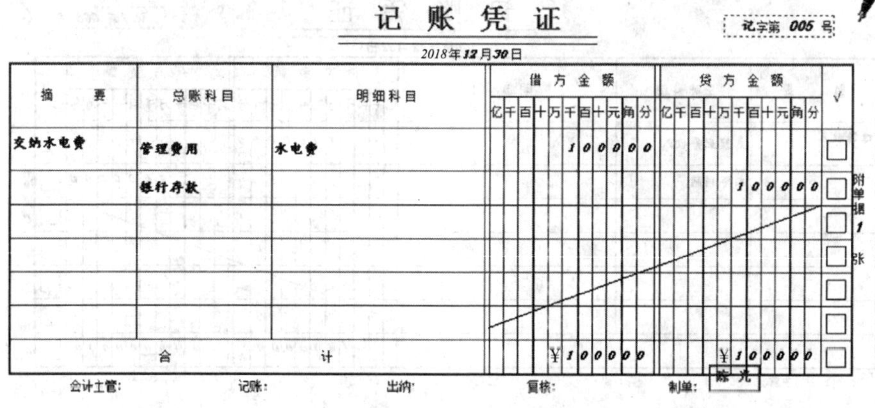

记 账 凭 证

记字第 005 号

2018年12月30日

摘要	总账科目	明细科目	借方金额	贷方金额	√
交纳水电费	管理费用	水电费	100000		
	银行存款			100000	
合计			¥100000	¥100000	

附单据 1 张

会计主管: 记账: 出纳: 复核: 制单: 陈光

图 3－15－22

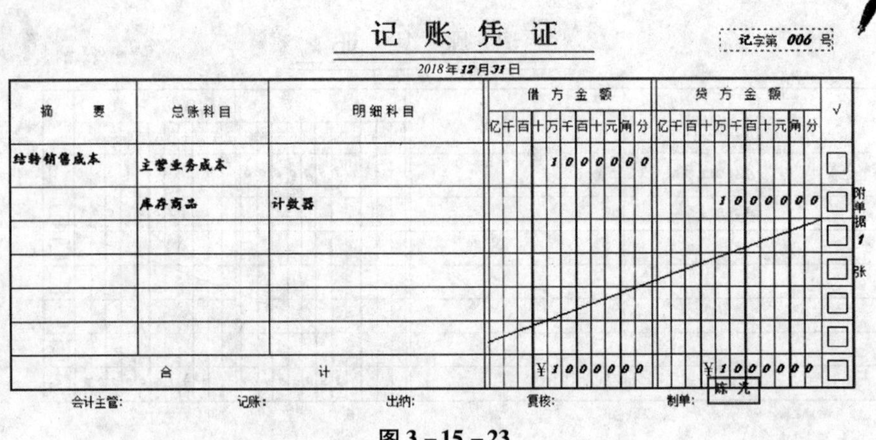

记 账 凭 证

记字第 006 号

2018年12月31日

摘要	总账科目	明细科目	借方金额	贷方金额	√
结转销售成本	主营业务成本		1000000		
	库存商品	计数器		1000000	
合计			¥1000000	¥1000000	

附单据 1 张

会计主管: 记账: 出纳: 复核: 制单: 陈光

图 3－15－23

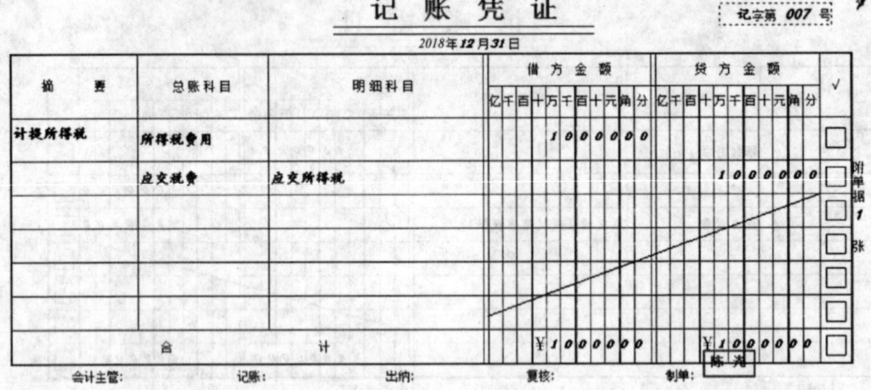

记 账 凭 证

记字第 007 号

2018年12月31日

摘要	总账科目	明细科目	借方金额	贷方金额	√
计提所得税	所得税费用		1000000		
	应交税费	应交所得税		1000000	
合计			¥1000000	¥1000000	

附单据 1 张

会计主管: 记账: 出纳: 复核: 制单: 陈光

图 3－15－24

记 账 凭 证

记字第 008 号

2018年12月31日

摘要	总账科目	明细科目	借方金额	贷方金额	√
结转收入	主营业务收入		4000000		
	本年利润			4000000	
合计			¥4000000	¥4000000	

附单据 0 张

会计主管: 记账: 出纳: 复核: 制单: 陈光

图 3－15－25

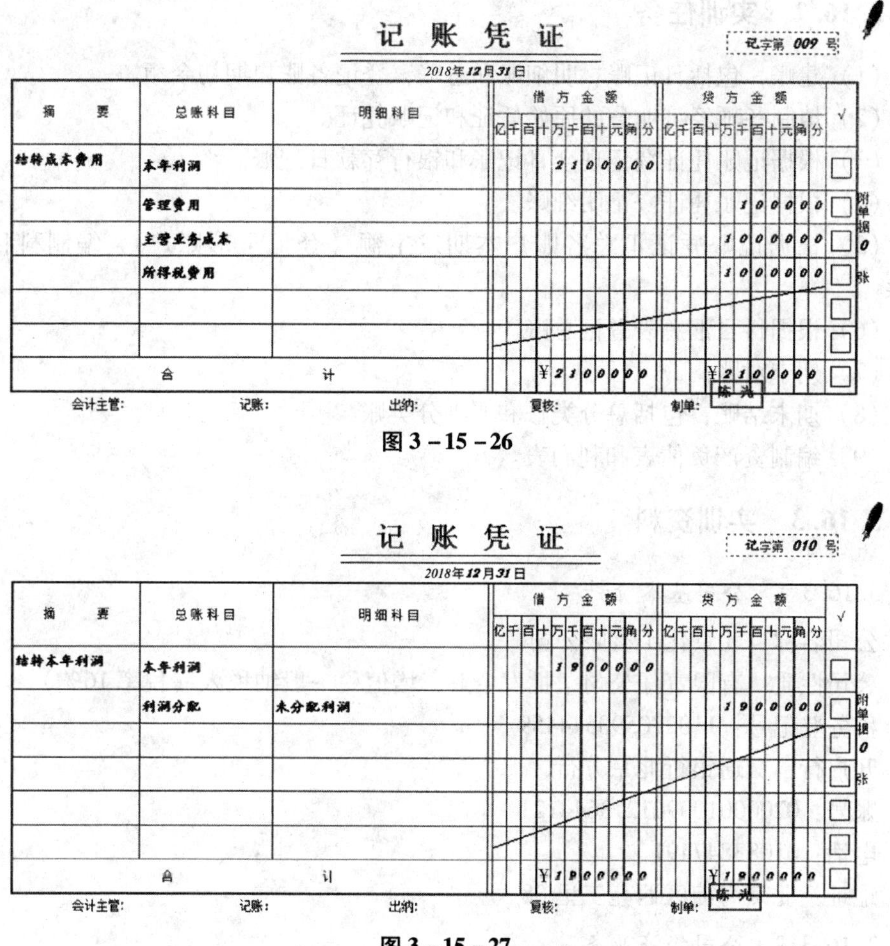

记 账 凭 证

记字第 009 号

2018年12月31日

摘要	总账科目	明细科目	借方金额	贷方金额	√
结转成本费用	本年利润		2100000		
	管理费用			100000	
	主营业务成本			1000000	
	所得税费用			1000000	
合计			¥2100000	¥2100000	

附单据 0 张

会计主管：　记账：　出纳：　复核：　制单：陈光

图 3－15－26

记 账 凭 证

记字第 010 号

2018年12月31日

摘要	总账科目	明细科目	借方金额	贷方金额	√
结转本年利润	本年利润		1900000		
	利润分配	未分配利润		1900000	
合计			¥1900000	¥1900000	

附单据 0 张

会计主管：　记账：　出纳：　复核：　制单：陈光

图 3－15－27

3.15.5 实训引导

建议实训时间 0.5 课时。

3.16 实训十六　综合实训

3.16.1 实训目的

通过会计综合实训，学生全面了解和掌握企业会计的有关理论知识，进一步巩固课堂教学内容，在此基础上提高学生识别、自制原始凭证，根据原始凭证编制记账凭证，对记账凭证进行汇总以及登记账簿、对账、结账和编制会计报表等业务能力，为进一步学习专业会计课程奠定扎实的基础。

3.16.2 实训任务

（1）建账，包括日记账、明细账和总账，登记各账户期初余额。

（2）填制各项经济业务的原始凭证和记账凭证。

（3）根据记账凭证登记现金日记账和银行存款日记账。

（4）根据记账凭证登记明细账。

（5）根据记账凭证汇总各账户本期发生额（登记 T 形账户），编制科目汇总表。

（6）根据科目汇总表登记总账。

（7）期末对账。

（8）期末结账，包括总分类账和明细分类账。

（9）编制资产负债表和利润表。

3.16.3 实训资料

3.16.3.1 公司基本资料

公司名称：北京化工有限公司

公司性质：有限责任公司，批发企业，增值税一般纳税人（税率16%）

税务登记号：110270590544459

开户行：交通银行北京分行

账号：020000100901213644121

电话：01083847491

地址：北京海淀区西苑三里08号

3.16.3.2 公司经济业务

北京化工有限公司2018年12月发生以下经济业务：

（1）12月1日，北京化工有限公司出纳员提取备用金1 000.00元，请填写现金支票。参考资料：密码器（可操作型的）预留印鉴卡。（密码器的签发人口令是123456）

（2）12月1日，承接第1题，请根据背景单据编制凭证（凭证编号：001）。原始单据：现金支票。

（3）12月1日，北京化工有限公司收到氨纶股份前欠的货款，请根据背景单据填写凭证（凭证编号：002）。原始单据：银行进账单。

（4）12月2日，北京化工有限公司借入资金100 000.00元，用于生产周转，请根据背景单据填写凭证（凭证编号：003）。原始单据：借款借据，借款合同（复印件）。

（5）12月3日，北京化工有限公司购入电脑一台，请根据背景单据填写凭证

（凭证编号：004）。原始单据：固定资产验收单，增值税普通发票，电汇凭证。

（6）12 月 6 日，北京化工有限公司收回职工陈红借款余额，请根据背景单据填写收回借款余额的凭证（凭证编号：005）。原始单据：还款凭证。

（7）12 月 7 日，北京化工有限公司向武进市卫星化学试剂厂购买材料，请根据背景单据填写凭证（凭证编号：006）。原始单据：收料单，增值税专用发票，电汇凭证。

（8）12 月 8 日，北京化工有限公司偿还前欠联发实业有限公司的材料款，请根据背景单据填写凭证（凭证编号：007）。原始单据：银行进账单，转账支票。

（9）12 月 9 日，北京化工有限公司向北京市南海化工厂购买原材料一批，请根据背景单据填写凭证（预付款项通过“预付账款”科目核算，凭证编号：008）。原始单据：银行进账单，转账支票。

（10）12 月 10 日，北京化工有限公司职工王明向公司借款，以现金支付，请根据背景单据填写凭证（凭证编号：009）。原始单据：借款单。

（11）12 月 11 日，北京化工有限公司交纳上月应交增值税和附加税，请根据背景单据填写凭证（凭证编号：010）。原始单据：税收缴款书 1，税收缴款书 2。

（12）12 月 14 日，北京化工有限公司职工王明报销差旅费，请根据背景单据填写凭证（凭证编号：011）。原始单据：差旅费报销单，出租车票，出租车票，增值税普通发票。

（13）12 月 14 日，北京化工有限公司职工王明报销差旅费之后归还借款余额，请根据背景单据填写归还借款余额的凭证（凭证编号：012）。原始单据：还款凭证。

（14）12 月 15 日，北京化工有限公司收到鲁光公司前欠货款，请根据背景单据填写凭证（凭证编号：013）。原始单据：银行进账单。

（15）12 月 15 日，北京化工有限公司出纳提取现金备发放工资，请根据背景单据填写凭证（凭证编号：014）。原始单据：现金支票。

（16）12 月 15 日，根据实训 15 题，北京化工有限公司以本日提取的现金发放工资（凭证编号：015）。原始单据：工资表。

（17）12 月 17 日，北京化工有限公司购入原材料乙烯，请根据背景单据填写凭证（凭证编号：016）。原始单据：收料单，增值税专用发票，银行业务回单。

（18）12 月 18 日，北京化工有限公司以现金支付公司总经理手机费（明细列为通信费），请根据背景单据填写凭证（凭证编号：017）。原始单据：报销单，增值税普通发票。

（19）12 月 19 日，北京化工有限公司销售部购买汽油，请根据背景单据填写凭证（凭证编号：018）。原始单据：银行进账单，转账支票，增值税普通发票，报销单。

（20）12 月 19 日，北京化工有限公司向济南市中福公司销售甘油丙烯醚产品，请根据背景单据填写凭证（凭证编号：019）。原始单据：银行回单，增值税专用发票，销售单。

（21）12月20日，北京化工有限公司归还短期借款本息，请根据背景单据填写凭证（凭证编号：020）。原始单据：银行进账单，转账支票，贷款利息清单。

（22）12月21日，北京化工有限公司向北京百货销售产品，款项尚未收到，请根据背景单据填写凭证（凭证编号：021）。原始单据：增值税专用发票，销售单。

（23）12月22日，北京化工有限公司接受捐赠固定资产，请根据原始单据作出会计处理（凭证编号：022）。原始单据：增值税普通发票，固定资产验收单。

（24）12月23日，北京化工有限公司向北京市日报社支付广告费，请根据背景单据填写凭证（凭证编号：023）。原始单据：银行进账单，转账支票，增值税专用发票。

（25）12月28日，北京化工有限公司向济南市中福公司销售二丙烯基醚，请根据背景单据填写凭证（凭证编号：024）。原始单据：银行回单，增值税专用发票，销售单。

（26）12月29日，上月发生的原材料盘亏经审批确认由过失人王浩赔偿，请根据背景单据填写凭证（凭证编号：025）。原始单据：审批文件。

（27）12月30日，收到北京百货公司商业承兑汇票抵付前欠货款，请根据背景单据填写凭证（凭证编号：026）。原始单据：商业承兑汇票（复印件）。

（28）12月30日，北京化工有限公司将现金送存银行，请根据背景单据填写凭证（凭证编号：027）。原始单据：现金存款凭条。

（29）12月31日，北京化工有限公司收到银行存款利息回单，请根据背景单据填写凭证（提示：利息收入不做借方红字处理，直接记入贷方，凭证编号：028）。原始单据：存款利息清单。

（30）12月31日，北京化工有限公司计提折旧费，请根据背景单据填写凭证（该公司采用直线法计提折旧，凭证编号：029）。原始单据：折旧费计提表。

（31）12月31日，北京化工有限公司分配本月工资（生产成本二级科目按“基本生产成本、辅助生产成本”设，三级科目按产品名称设；凭证编号：030）。原始单据：工资分配表。

（32）12月31日，转出未交增值税，请根据背景资料编制相关凭证（凭证编号：031）。原始单据：转出未交增值税计算表。

（33）12月31日，北京化工有限公司财务根据相关资料编制分配材料的记账凭证（生产成本二级科目按“基本生产成本、辅助生产成本”设，三级科目按产品名称设；凭证编号：032）。原始单据：领料单1，领料单2，领料单3，材料领用成本计算单，原材料分配表。

（34）12月31日，北京化工有限公司财务根据相关资料编制分配制造费用的记账凭证（生产成本二级科目按“基本生产成本”“辅助生产成本”设，三级科目按产品名称设；凭证编号：033）。原始单据：制造费用分配表，制造费用明细表。

（35）12 月 31 日，北京化工有限公司本月产品部分完工验收入库，结转完工入库产品成本，请根据背景单据编制凭证（凭证编号：034）。原始单据：入库单，产品成本计算单 1，产品成本计算单 2。

（36）12 月 31 日，北京化工有限公司结转已销售产品成本，请根据背景单据编制凭证（凭证编号：035）。原始单据：出库单 1，出库单 2，出库单 3，销售成本计算表。

（37）12 月 31 日，根据上述相关分录编制汇总结转本期损益类（收入利得）账户的凭证（凭证编号：036）。

（38）12 月 31 日，根据相关分录编制汇总结转费用类账户到本年利润账户的凭证（管理费用、销售费用要写出明细科目，财务费用汇总结转且该科目余额若在贷方不作红字处理，结转时记该科目借方。凭证编号：037 号 1/2、037 号 2/2）。

（39）12 月 31 日，根据上述相关分录编制结转成本类账户、税金及附加到本年利润账户的凭证（凭证编号：038）。

（40）12 月 31 日，承接第 37 ~ 39 题，编制北京化工有限公司计提 12 月份应交所得税的凭证（所得税税率是 25%；凭证编号：039）。

（41）12 月 31 日，承接第 41 题，结转所得税费用到本年利润账户的凭证（凭证编号：040）。

（42）12 月 31 日，承接 38、39、40、42 题，请编制将本年利润账户的余额转入“利润分配——未分配利润”账户的凭证（凭证编号：041）。

（43）12 月 31 日，北京化工有限公司根据上述有关分录编制本月的科目汇总表。

期初资料及要求：

（1）2018 年 12 月初，北京化工有限公司库存现金总账承前页借方本年累计发生额 1 016 960. 00 元，贷方本年累计发生额 1 016 041. 80 元，期初借方余额为 1 790. 00 元；2018 年 12 月 31 日，根据第 43 题编制的科目汇总表登记库存现金总账。（为简化处理，登账时本年累计暂不处理，下同）。

（2）2018 年 12 月初，北京化工有限公司银行存款总账承前页借方本年累计发生额 3 086 571. 83 元，贷方本年累计发生额 3 155 701. 11 元，期初借方余额为 165 000. 00 元；2018 年 12 月 31 日，根据第 43 题编制的科目汇总表登记银行存款总账。

（3）2018 年 12 月初，北京化工有限公司其他货币资金总账承前页借方本年累计发生额 6 500. 00 元，贷方本年累计发生额 7 500. 00 元，期初借方余额为 500. 00 元；2018 年 12 月 31 日，根据第 43 题编制的科目汇总表登记其他货币资金总账。

（4）2018 年 12 月初，北京化工有限公司应收账款总账承前页借方本年累计发生额 387 400.00 元，贷方本年累计发生额 470 000.00 元，期初借方余额为 88 000.00 元；2018 年 12 月 31 日，根据第 43 题编制的科目汇总表登记应收账款总账。

(5) 2018 年 12 月初，北京化工有限公司其他应收款总账承前页借方本年累计发生额 28 680.00 元，贷方本年累计发生额 32 720.00 元，期初借方余额为 1 550.00 元；2018 年 12 月 31 日，根据第 43 题编制的科目汇总表登记其他应收款总账。

(6) 2018 年 12 月初，北京化工有限公司应收票据总账承前页借方本年累计发生额 120 000.00 元，贷方本年累计发生额 125 000.00 元，无期初余额；2018 年 12 月 31 日，根据第 43 题编制的科目汇总表登记应收票据总账。

(7) 2018 年 12 月初，北京化工有限公司原材料总账承前页借方本年累计发生额 913 770.14 元，贷方本年累计发生额 958 200.00 元，期初借方余额为 349 000.00 元；2018 年 12 月 31 日，根据第 43 题编制的科目汇总表登记原材料总账。

(8) 2018 年 12 月初，北京化工有限公司库存商品总账承前页借方本年累计发生额 379 060.00 元，贷方本年累计发生额 377 000.00 元，期初借方余额为 50 000.00 元；2018 年 12 月 31 日，根据第 43 题编制的科目汇总表登记库存商品总账。

(9) 2018 年 12 月初，北京化工有限公司固定资产总账承前页借方本年累计发生额 432 000.00 元，期初借方余额为 628 000.00 元；2018 年 12 月 31 日，根据第 43 题编制的科目汇总表登记固定资产总账。

(10) 2016 年 12 月初，北京化工有限公司累计折旧总账承前页贷方本年累计发生额 134 000.00 元，期初贷方余额为 230 000.00 元；2018 年 12 月 31 日，根据第 43 题编制的科目汇总表登记累计折旧总账。

(11) 2016 年 12 月初，北京化工有限公司生产成本总账承前页借方本年累计发生额 3 887 728.68 元，贷方本年累计发生额 4 023 658.34 元，期初借方余额为 39 000.00 元；2018 年 12 月 31 日，根据第 43 题编制的科目汇总表登记生产成本总账。

(12) 2018 年 12 月初，北京化工有限公司待处理财产损溢总账承前页借方本年累计发生额 2 000.00 元，贷方本年累计发生额 2 600.00 元，期初借方余额为 580.00 元；2018 年 12 月 31 日，根据第 43 题编制的科目汇总表登记待处理财产损溢总账。

(13) 2018 年 12 月初，北京化工有限公司预付账款总账承前页借方本年累计发生额 4 000.00 元，期初借方余额为 257 500.00 元；2018 年 12 月 31 日，根据第 43 题编制的科目汇总表登记总账。

(14) 2018 年 12 月初，北京化工有限公司制造费用总账承前页借方本年累计发生额 645 955. 76 元，贷方本年累计发生额 645 955. 76 元，无期初余额；2018 年 12 月 31 日，根据第 43 题编制的科目汇总表登记制造费用总账。

（15）2018 年 12 月初，北京化工有限公司短期借款总账承前页借方本年累计发生额 421 000. 00 元，贷方本年累计发生额 96 000. 00 元，期初贷方余额为 41 000. 00 元；2016 年 12 月 31 日，根据第 43 题编制的科目汇总表登记短期借款总账。

（16）2018 年 12 月初，北京化工有限公司应付账款总账承前页借方本年累计发生额 135 000. 00 元，贷方本年累计发生额 106 900. 00 元，期初贷方余额为 16 000. 00 元；2018 年 12 月 31 日，根据第 43 题编制的科目汇总表登记应付账款总账。

（17）2018 年 12 月初，北京化工有限公司其他应付款总账承前页借方本年累计发生额 5 000. 00 元，贷方本年累计发生额 4 200. 00 元，期初贷方余额为 750. 00 元；2018 年 12 月 31 日，根据第 43 题编制的科目汇总表登记其他应付款总账。

（18）2018 年 12 月初，北京化工有限公司应付职工薪酬总账承前页借方本年累计发生额 1 020 000. 00 元，贷方本年累计发生额 1 029 548. 40 元，期初贷方余额为 97 000. 00 元；2018 年 12 月 31 日，根据第 43 题编制的科目汇总表登记应付职工薪酬总账。

（19）2018 年 12 月初，北京化工有限公司应付票据总账承前页借方本年累计发生额 34 500. 00 元，贷方本年累计发生额 30 000. 00 元，期初贷方余额为 5 220. 00 元；2018 年 12 月 31 日，根据第 43 题编制的科目汇总表登记应付票据总账。

（20）2018 年 12 月初，北京化工有限公司应交税费总账承前页借方本年累计发生额 324 600. 97 元，贷方本年累计发生额 246 581. 97 元，期初贷方余额为 39 650. 00 元；2018 年 12 月 31 日，根据第 43 题编制的科目汇总表登记应交税费总账。

（21）2018 年 12 月初，北京化工有限公司实收资本总账承前页贷方本年累计发生额 171 000. 00 元，期初贷方余额为 571 000. 00 元；2018 年 12 月 31 日，根据第 43 题编制的科目汇总表登记实收资本总账。

（22）2018 年 12 月初，北京化工有限公司资本公积总账承前页贷方本年累计发生额 169 000. 00 元，期初贷方余额为 218 000. 00 元；2018 年 12 月 31 日，根据第 43 题编制的科目汇总表登记资本公积总账。

（23）2018 年，北京化工有限公司盈余公积上年末贷方余额为 300 000. 00 元；假设年初忘记结转，请补登记盈余公积总账。

（24）2018 年 12 月初，北京化工有限公司利润分配总账承前页贷方本年累计发生额 50 300. 00 元，期初贷方余额为 62 300. 00 元；2018 年 12 月 31 日，根据第 43 题编制的科目汇总表登记利润分配总账。

(25) 2018 年 12 月初，北京化工有限公司主营业务收入总账承前页借方本年累计发生额 1 005 000.00 元，贷方本年累计发生额 1 005 000.00 元，无期初余额；2018 年 12 月 31 日，根据第 43 题编制的科目汇总表登记主营业务收入总账。

(26) 2018 年 12 月初，北京化工有限公司营业外收入总账承前页借方本年累计发生额 31 600.00 元，贷方本年累计发生额 31 600.00 元，无期初余额；2018 年 12 月 31 日，根据第 43 题编制的科目汇总表登记营业外收入总账。

(27) 2018 年 12 月初，北京化工有限公司主营业务成本总账承前页借方本年累计发生额 496 000.00 元，贷方本年累计发生额 496 000.00 元，无期初余额；2018 年 12 月 31 日，根据第 43 题编制的科目汇总表登记主营业务成本总账。

(28) 2018 年 12 月初，北京化工有限公司税金及附加总账承前页借方本年累计发生额 2 300.97 元，贷方本年累计发生额 2 300.97 元，无期初余额；2018 年 12 月 31 日，根据第 43 题编制的科目汇总表登记税金及附加总账。

(39) 2018 年 12 月初，北京化工有限公司所得税费用总账承前页借方本年累计发生额 79 681.00 元，贷方本年累计发生额 79 681.00 元，无期初余额；2018 年 12 月 31 日，根据第 43 题编制的科目汇总表登记所得税费用总账。

(30) 2018 年 12 月初，北京化工有限公司管理费用总账承前页借方本年累计发生额 149 487.00 元，贷方本年累计发生额 149 487.00 元，无期初余额；2018 年 12 月 31 日，根据第 43 题编制的科目汇总表登记管理费用总账。

(31) 2018 年 12 月初，北京化工有限公司销售费用总账承前页借方本年累计发生额 59 360.00 元，贷方本年累计发生额 59 360.00 元，无期初余额；2018 年 12 月 31 日，根据第 43 题编制的科目汇总表登记销售费用总账。

(32) 2018 年 12 月初，北京化工有限公司财务费用总账承前页借方本年累计发生额 24 700.00 元，贷方本年累计发生额 24 700.00 元，无期初余额；2018 年 12 月 31 日，根据第 43 题编制的科目汇总表登记财务费用总账。

(33) 2018 年 12 月初，北京化工有限公司本年利润总账承前页借方本年累计发生额 1 032 200.00 元，贷方本年累计发生额 1 032 200.00 元，无期初余额；2018 年 12 月 31 日，根据第 43 题编制的科目汇总表登记本年利润总账。

(34) 2018 年 12 月，根据所填制的记账凭证登记库存现金日记账并进行月结、年结处理（库存现金承前页借方累计发生额 1 016 960.00 元，贷方累计发生额 1 016 041.80 元，期初余额为借方 1 790.00 元）。

(35) 2018 年 12 月，根据所填制的记账凭证登记银行存款日记账并进行月结、年结处理（银行存款承前页借方累计发生额 3 086 571.83 元，贷方累计发生额 3 155 701.11 元，期初余额为借方 165 000.00 元）。

(36) 2018 年 12 月，根据本期发生的经济业务登记“原材料—丙酮”数量金额式明细账，并进行月结、年结处理。已知丙酮承前页收入本年累计——5 169.402 8 千克、单价 50 元/千克、总价 258 470.14 元：付出本年累计——

14 090.00 千克、单价 50 元/千克、总价 704 500.00 元，期初结存——4 820.00 千克、单价 50 元/千克、总价 241 000.00 元。

（37）2018 年 12 月，根据本期发生的经济业务登记“应收账款——氨纶股份”明细账并进行月结、年结处理。已知“应收账款——氨纶股份”账户承前页借方本年累计发生额 102 500.00 元，贷方本年累计发生额 114 700.00 元，期初余额为借方 6 000.00 元。

3.16.4 实训用具

本实训共需要记账凭证 2 本，凭证封皮 1 张，总账 20 张，日记账 4 张，数量金额式明细账 4 张，三栏式明细账 4 张，多栏式明细账 2 张，科目汇总表 2 张，资产负债表 1 张，利润表 1 张。

3.16.5 实训引导

建议实训时间 28 课时。

4

附件

1－1

交通银行
现金支票存根
30101112
23097211

附加信息

出票日期　　年　　月　　日
收款人：
金　额：
用　途：
单位主管　　　会计

交 通 银 行　现金支票　30101112 23097211

出票日期（大写）　　年　　月　　日　　付款行名称：交通银行北京分行
收款人：　　出票人账号：020000100901213644121

付款期限自出票之日起十天

人民币（大写）　　亿千百十万千百十元角分

用途　　密码
上列款项请从
我账户内支付
出票人签章　　复核　　记账

附加信息：

收款人签章
年　月　日

身份证件名称：　　发证机关：
号码

（贴粘单处）

根据《中华人民共和国票据法》等法律法规的规定，签发空头支票由中国人民银行处以票面金额5%但不低于1000元的罚款。

2－1

交通银行
现金支票存根
30101112
23097211

附加信息

出票日期 2018 年 12 月 01 日

收款人：北京化工有限公司

金 额：¥1000.00

用 途：备用金

单位主管 会计

3－1

交通银行 进账单（收账通知） 3

2018年 12 月 01 日

出票人		收款人	
全 称	氯纶股份有限公司	全 称	北京化工有限公司
账 号	76540320890809100l	账 号	02000010090121364412l
开户银行	中国银行北京分行	开户银行	交通银行北京分行

金额	人民币（大写）陆仟元整	亿	千	百	十	万	千	百	十	元	角	分
						¥	6	0	0	0	0	0

票据种类		票据张数	
票据号码			

复核 记账

交通银行北京分行 2018.12.01 转讫 (01)

收款人开户银行签章

此联是收款人开户银行交给收款人的收账通知

4－1

借款借据（收账通知）

借款日期 2018 年12月02日 借据编号 201837

收款单位		付款单位	
名 称	北京化工有限公司	名 称	交通银行北京分行
开户账号	020000100901213644121	放款户账号	020000100901213644129
开户银行	交通银行北京分行	开户银行	交通银行北京分行

借款金额	人民币（大写）壹拾万元整	千	百	十	万	千	百	十	元	角	分
			¥	1	0	0	0	0	0	0	0

借款原因及用途	生产经营资金	借款期限	2018年12月02日至2019年06月01日

交通银行北京分行 2018.12.02 (01)

你单位上列借款，已转入你单位结算户内。

此致

（银行盖章）

此联退还借款单位

4－2

借款合同

借款单位：（以下简称借款方）北京化工有限公司

贷款单位：（以下简称贷款方）交通银行北京分行

借款方为生产周转资金需要，特向贷款方申请借款，经贷款方审核同意发放。为明确双方责任，恪守信用，特签订本合同，共同遵守。

第一，借款方向贷款方借款人民币（大写）壹拾万元整，期限六个月，从2018年12月02日至2019年06月01日，年利率为4%。自支用贷款之日起，按月计算利息，按季结息，到期归还本金。

第二，贷款方应如期向借款方发放贷款，否则，按违约数额和延期天数，付给借款方违约金。违约金数额的计算，与逾期贷款罚息相同，即为1%。

第三，借款方应按协议使用贷款，不得转移用途。否则，贷款方有权提前终止协议。

第四，借款方保证按借款合同所订期限归还贷款本息。如需延期，借款方应在贷款到期前3天，提出延期申请，经贷款方同意，办理延期手续。但延期最长不得超过原订合同期限的一半。贷款方未同意延期或未办理延期手续的逾期贷款，加收罚息。

第五，借款方以房产，价值500万元，作为借款抵押，产权证件由贷款方保管（或公证机关保管）。公证费由借款方负担。

第六，贷款到期，借款方未归还贷款，又未办理延期手续，贷款方有权依照法律程序处理借款方作为贷款抵押的物资和财产，抵还借款本息。

第七，本合同书正本2份，借、贷方各执1份。

第八，本合同自签订之日起生效，贷款本息全部偿清后失效。

借款单位（人）：北京化工有限公司（签章）　　贷款单位：交通银行北京分行（签章）

负责人：王献瑛　　审批组长：黄怀鹏

签约日期：2018年12月01日　　签约日期：2018年12月01日

5－1

固定资产验收单

2018 年 12月03日　　编号：12013

<table>
<tr><td>名 称</td><td colspan="2">规格型号</td><td>来 源</td><td>数 量</td><td>购（造）价</td><td>使用年限</td><td>预计残值</td></tr>
<tr><td>电脑</td><td colspan="2"></td><td>购买</td><td>1</td><td>4500.00</td><td>5</td><td>0</td></tr>
<tr><td>安装费</td><td colspan="2">月折旧率</td><td colspan="2">建造单位</td><td>交工日期</td><td colspan="2">附件</td></tr>
<tr><td></td><td colspan="2">1.67%</td><td colspan="2"></td><td>2018年 12月 03日</td><td colspan="2"></td></tr>
<tr><td>验收部门</td><td>刘丽</td><td>验收人员</td><td>宫强</td><td>管理部门</td><td>梁超</td><td>管理人员</td><td>王菲</td></tr>
<tr><td>备注</td><td colspan="7"></td></tr>
</table>

审核：梁明明　　制单：崔亮

5－2

3100132650　上海增值税普通发票　№ 30961856

校验码 31001 54684 12523 62314　开票日期：2018年12月03日

购买方	名称：北京化工有限公司 纳税人识别号：91110108590544d591 地址、电话：北京海淀区西苑三里08号 01083847491 开户行及账号：交通银行北京分行，020000100901213644121	密码区	03*3187<4/+8490<+95-59*7<243 4987<0—>>-6>525<693719->7*7 87*3187<4/+8490<+95708681380 9<712/<1+9016>6906++>84>93/-

货物或应税劳务、服务名称	规格型号	单位	数量	单价	金额	税率	税额
电脑		台	1.00	4368.93	4368.93	3%	131.07
合计					¥4368.93		¥131.07
价税合计（大写）	⊗肆仟伍佰元整				（小写） ¥4500.00		

销货方	名称：上海兴才电子公司 纳税人识别号：913101065605483516 地址、电话：上海市静安路58号 02188673229 开户行及账号：中国建设银行上海分行 87654500357245008004	备注	913101065605483516

收款人：　复核：　开票人：刘芳　销货方：（发票专用章）

第二联：发票联 购买方记账凭证

5－3

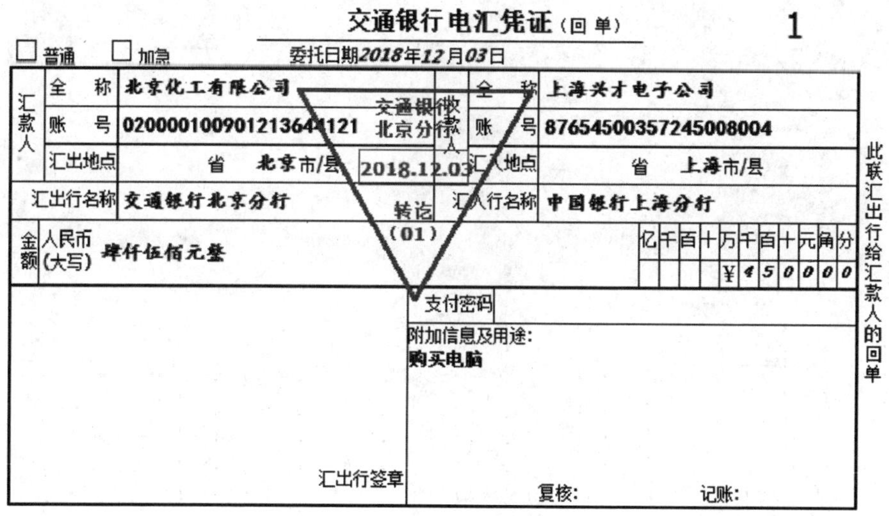

交通银行电汇凭证（回单）　1

☐普通　☐加急　委托日期2018年12月03日

汇款人	全称	北京化工有限公司	收款人	全称	上海兴才电子公司
	账号	020000100901213644121		账号	87654500357245008004
	汇出地点	省 北京市/县		汇入地点	省 上海市/县
汇出行名称		交通银行北京分行	汇入行名称		中国银行上海分行
金额	人民币（大写）	肆仟伍佰元整		亿千百十万千百十元角分	¥450000
		汇出行签章	支付密码		
			附加信息及用途：购买电脑		
			复核：	记账：	

（印章：交通银行北京分行 2018.12.03 转讫（01））

此联汇出行给汇款人的回单

6－1

还 款 凭 证

借款日期：2018 年 11 月 03 日　　　　　　第 1 号

借款 原因：购买办公用品	借款人 签章：陈红　现金收讫
借款 大写金额：壹佰元整 ¥：100.00	左列数项已于 12 月 06 日全部结清 报销数 ¥ 80.00 退还数 ¥ 20.00 补付数 ¥

还款记账凭证

7－1

收 料 单

2018年12月07日　　　　　　编码：62465904

材料编号	材料名称	规 格	材质	单位	数量 应收	数量 实收	实际单价	材料金额	运杂费	合 计（材料实际成本）
01	丙酮		—	千克	460.8548	460.8548				
供货单位	武进市卫星化学试剂厂		结算方法	信汇付款			合同号	#511	计划单价	材料/计划成本
备 注									-----	------

会计联

主管：陈亮　　质量检验员：李鑫　　仓库验收：王明　　经办人：江涛

7－2

3200131142　　江苏增值税专用发票　　№ 60972954　　3200131142　60972954

开票日期：2018年12月07日

购买方　名　　称：北京化工有限公司
纳税人识别号：91110108590544591
地 址、电 话：北京海淀区西苑三里08号 01083847491
开户行及账号：交通银行北京分行 020000100901213644121

密码区：
03*3187<4/+8490<+95-59+7<243
4987<0-->>-6>525<693719->7*7
87*3187<4/+8490<+95708681380
9<712/<1+9016>6906++>84>93/-

货物或应税劳务、服务名称	规格型号	单位	数量	单价	金额	税率	税额
丙酮		千克	460.8548	50.00	23042.74	16%	3686.84
合　计					¥23042.74		¥3686.84
价税合计（大写）	⊗贰万陆仟柒佰贰拾玖元伍角捌分				（小写）¥26729.58		

销售方　名　　称：武进市卫星化学试剂厂
纳税人识别号：913204124447876664
地 址、电 话：崔桥卫星村 051985010391
开户行及账号：崔桥信用社 862254011013134

收款人：　　复核：　　开票人：李红　　销售方：（章）

武进市卫星化学试剂厂 913204124447876664 发票专用章

第三联：发票联 购买方记账凭证

7－3

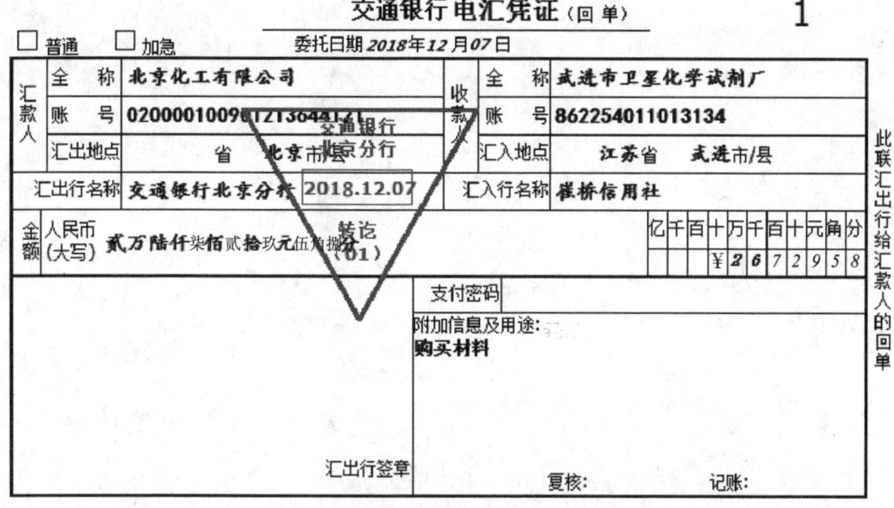

交通银行电汇凭证（回单） 1

□普通 □加急 委托日期2018年12月07日

汇款人	全称	北京化工有限公司	收款人	全称	武进市卫星化学试剂厂
	账号	020000100901213644121		账号	862254011013134
	汇出地点	省 北京市/县		汇入地点	江苏省 武进市/县
汇出行名称		交通银行北京分行	汇入行名称		崔桥信用社
金额	人民币（大写）	贰万陆仟柒佰贰拾玖元伍角捌分	亿千百十万千百十元角分		¥2672958
汇出行签章			支付密码		
			附加信息及用途：购买材料		
			复核： 记账：		

交通银行 北京分行 2018.12.07 转讫（01）

此联汇出行给汇款人的回单

8－1

交通银行 进账单（回 单） 1

2018年12月08日

出票人	全称	北京化工有限公司	收款人	全称	联友实业有限公司
	账号	020000100901213644121		账号	11061417150104000245 7
	开户银行	交通银行北京分行		开户银行	交通银行北京分行
金额	人民币（大写）	壹万贰仟元整	亿千百十万千百十元角分		¥1200000
票据种类	转账支票	票据张数 1			
票据号码	23909018				
复核 记账			开户银行签章		

交通银行 北京分行 2018.12.08 转讫（01）

此联是开户银行交给持票人的回单

8－2

交通银行
转账支票存根
30101122
23909018

附加信息

出票日期2018年12月08日

收款人：联友实业有限公司

金 额：¥12000.00

用 途：支付货款

单位主管 会计

9－1

交通银行 进账单（回 单） 1

2018年 12月 09日

出票人	全 称	北京化工有限公司	收款人	全 称	北京市南海化工厂
	账 号	020000100901213644121		账 号	320151627384848
	开户银行	交通银行北京分行		开户银行	中国农业银行北京分行
金额	人民币（大写）	贰万元整		亿 千 百 十 万 千 百 十 元 角 分	¥ 2 0 0 0 0 0 0
票据种类	转账支票	票据张数	1		
票据号码	23909019				
	复核 记账			开户银行签章	

交通银行北京银行 2018.12.09 转讫 (01)

此联是开户银行交给持票人的回单

9－2

交通银行
转账支票存根
30101122
23909019

附加信息

出票日期2018年12月09日

收款人：北京市南海化工厂

金 额：¥20000.00

用 途：预付货款

单位主管 会计

10－1

借 款 单

2018年12月10日 第00127 号

借款部门	销售部	姓名	王明	事由	出差
借款金额（大写）	零万 贰仟 零佰 零拾 零元 零角 零分			¥2000.00	
部门负责人签署	王庆	借款人签章	王明 现金付讫	注意事项	一、凡借用公款必须使用本单 二、出差返回后三天内结算
单位领导批示	王靓瑛	财务经理审核意见	郑镭		

11－1

北京电子缴税回单 国

隶属关系—— 市属企业　　　　电子缴税号 W327821

注册类型—— 有限公司　　填发日期—— 20181211　　征收机关—— 北京市国家税务局

缴税单位				收款国库	北京市国家税务局
代码	1130000			收款国库	北京市国家税务局
全称	北京化工有限公司			国库账号	101010103
账号	020000100901213644121			预算级次	中央75%，地方25%
开户银行	交通银行北京分行			国库开户银行	海淀金库
税款所属期	20181101至20181130			税款限缴日期	20181215

预算科目	税种税目	计税金额、销售收入或课税数量	税率或单位税额	已缴或扣除额	实缴税额
101010108	增值税				13661.61
金额合计	壹万叁仟陆佰陆拾壹元陆角壹分				¥13661.61

申报方式	征收方式	打印次数	上列款项已核记入收款单位账户。扣款日期—— 20181211 银行盖章	备注
网络申报	一般申报	15		

交通银行北京分行 业务公章

未加盖银行印章无效

第一联：纳税人留存

11－2

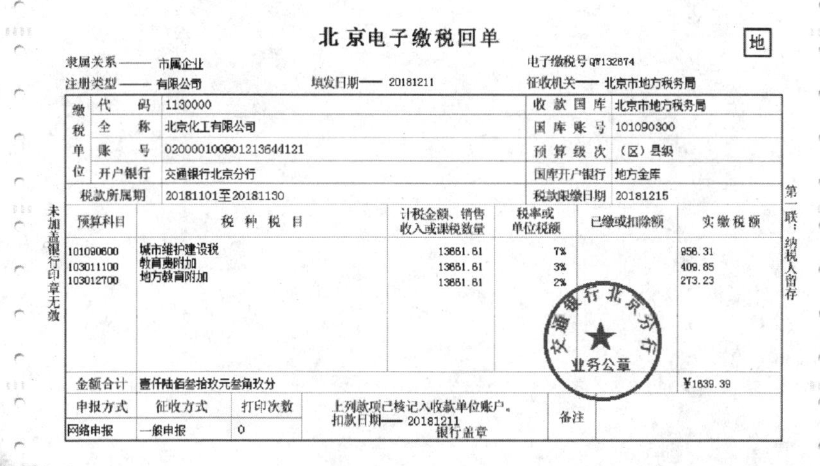

北京电子缴税回单 地

隶属关系—— 市属企业　　　　电子缴税号 QW132674

注册类型—— 有限公司　　填发日期—— 20181211　　征收机关—— 北京市地方税务局

缴税单位		收款国库	北京市地方税务局
代码	1130000	收款国库	北京市地方税务局
全称	北京化工有限公司	国库账号	101090300
账号	020000100901213644121	预算级次	（区）县级
开户银行	交通银行北京分行	国库开户银行	地方金库
税款所属期	20181101至20181130	税款限缴日期	20181215

预算科目	税种税目	计税金额、销售收入或课税数量	税率或单位税额	已缴或扣除额	实缴税额
101090600	城市维护建设税	13661.61	7%		956.31
103011100	教育费附加	13661.61	3%		409.85
103012700	地方教育附加	13661.61	2%		273.23
金额合计	壹仟陆佰叁拾玖元叁角玖分				¥1639.39

申报方式	征收方式	打印次数	上列款项已核记入收款单位账户。扣款日期—— 20181211 银行盖章	备注
网络申报	一般申报	0		

交通银行北京分行 业务公章

未加盖银行印章无效

第一联：纳税人留存

12－1

差旅费报销单

2018年 12月 14日

所属部门	销售部	姓名	王明	出差天数	自 12月11日至 12月 13日共 3天
出差事由	销售商品	借旅支费	日期 2018.12.10	金额¥2000.00	结算金额:¥660.00

出发月	出发日	到达月	到达日	起止地点	交通费	住宿费	伙食费	其他
12	11	12	11	北京西城区—崇文区	80.00	300.00	200.00	
12	13	12	13	崇文区—北京西城区	80.00			
合计				零拾 零万 零仟 陆佰 陆拾 零元 零角 零分 ¥660.00				

总经理：王靓瑛　财务经理：郑锴　部门经理：张利　会计：崔亮　出纳：张俊　报销人：王明

12－2

北京出租汽车专用发票

代码 211001360120
号码 46241134
监督电话：（010）82333633
税务登记证号码：
911101054221556654
流水号：
78536899537878944

手写无效

车号	京F7443
证号	23812784
日期	2018年12月11日
上车	19：35
下车	20：42
单价	3.00
里程	24.00
等候	00.05.00
金额	80.00

含电调费 0.0元
卡号 路桥费 0.0元
原
余额

12－3

北京出租汽车专用发票

代码 211001360120
号码 47892134
监督电话：（010）82333633
税务登记证号码：
911101054221556654
流水号：
36899537878977498

手写无效

车号	京F7893
证号	76812784
日期	2018年12月13日
上车	08：35
下车	09：25
单价	3.00
里程	24.00
等候	00.05.00
金额	80.00

含电调费 0.0元
卡号 路桥费 0.0元
原
余额

12－4

1100062650　北京增值税普通发票　№ 30961856　1100062650 30961856

校验码 23945 94859 82436 19384　开票日期：2018年12月13日

			密码区
购买方	名称：北京化工有限公司 纳税人识别号：911101085905444591 地址、电话：北京海淀区西苑三里08号 01083847491 开户行及账号：交通银行北京分行 020000100901213644121		03*3187<4/+8490<+95-59+7<243 4987<0-->>-6>525<693719->7*7 87*3187<4/+8490<+95708681380 9<712/<1+9016>6906++>84>93/-

货物或应税劳务、服务名称	规格型号	单位	数量	单价	金额	税率	税额
住宿费					283.02	6%	16.98
餐费					188.68	6%	11.32
合计					¥471.70		¥28.30
价税合计（大写）	⊗伍佰元整				（小写）¥500.00		

		备注
销售方	名称：瑞商国际大酒店 纳税人识别号：911101068039054548 地址、电话：北京市朝阳区东大街8号 01082315578 开户行及账号：交通银行北京分行 110006765465544114556	瑞商国际大酒店 911101068039054548 发票专用章

收款人：　复核：　开票人：张也　销售方：（章）

第二联：发票联 购买方记账凭证

13－1

还款凭证

第 3 号

借款日期：2018年12月10日

借款原因：出差	借款人 现金收讫 明
借款大写金额：贰仟元整 ¥：2000.00	左列数项已于12月14日全部结清 报销数 ¥660.00 退还数 ¥1340.00 补付数 ¥

还款记账凭证

14－1

交通银行 进账单（收账通知） 3

2018年 12月 15日

出票人	全称	北京鲁光发展有限公司	收款人	全称	北京化工有限公司
	账号	320147000400041		账号	020000100901213644121
	开户银行	中国农业银行北京分行		开户银行	交通银行北京分行
金额	人民币（大写）贰仟元整			亿千百十万千百十元角分	¥200000
票据种类		票据张数			
票据号码					
	复核　记账				收款人开户银行签章

交通银行北京分行 2018.12.15 转讫 (01)

此联是收款人开户银行交给收款人的收账通知

15－1

交通银行
现金支票存根
30101112
23097212
附加信息
出票日期2018年12月15日
收款人：北京化工有限公司
金　额：￥90000.00
用　途：备发工资
单位主管　　会计

16－1

工资表

2018年11月30日　　单位：元

序号	姓名	基本工资	绩效工资	应发工资	代扣款项（社保）	代扣款项（个税）	实发工资	签名
01	芳娜	2400.00	1100.00	3500.00	547.06		2952.94	芳娜
02	郑楷	2400.00	1100.00	3500.00	547.06		2952.94	郑楷
03	马峰	2880.00	1220.00	4100.00	634.59		3465.41	马峰
04	余光	2600.00	1180.00	3780.00	583.53		3196.47	余光
05	张哲	2600.00	1180.00	3780.00	583.53		3196.47	张哲
06	于军	2900.00	1240.00	4140.00	638.24		3501.76	于军
07	于丹	2700.00	1200.00	3900.00	601.76		3298.24	于丹
08	郭京辉	2700.00	1200.00	3900.00	601.76		3298.24	郭京辉
09	崔亮	2850.00	1230.00	4080.00	629.12		3450.88	崔亮
10	王靓瑛	3000.00	1200.00	4200.00	638.24		3561.76	王靓瑛
11	王爱佳	2800.00	1200.00	4000.00	620.00		3380.00	王爱佳
12	林芳	2880.00	1220.00	4100.00	634.59		3465.41	林芳
…	…	…	…	…	…		…	…
32	林丹	2500.00	1100.00	3600.00	565.29		3034.71	林丹
合计	——	74600.00	32068.00	106668.00	16668.00		90000.00	

现金付讫

制表人：张

17－1

收 料 单

2018年12月17日　　编码：32084162

材料编号	材料名称	规格	材质	单位	数量 应收	数量 实收	实际单价	材料金额	运杂费	合计（材料实际成本）
02	乙烯		——	千克	2000	2000				
供货单位	山东万华集团		结算方法		转账付款		合同号	#512	计划单价	材料/计划成本
备注									--------	----

会计联

主管：陈亮　　质量检验员：李鑫　　仓库验收：王明　　经办人：江涛

17－2

3700131142　　山东增值税专用发票　　№ 60972955　　3700131142 60972955

开票日期：2018年12月17日

购买方	名　　称：北京化工有限公司 纳税人识别号：911101085905444591 地址、电话：北京海淀区西苑三里08号 01083847491 开户行及账号：交通银行北京分行 020000100901213644121				密码区	03*3187<4/+8490<+95-59+7<243 4987<0-->>-6>525<693719->7*7 87*3187<4/+8490<+95708681380 9<712/<1+9016>6906++>84>93/-		
货物或应税劳务、服务名称	规格型号	单位	数量	单价	金额	税率	税额	
乙烯		千克	2000.00	30.00	60000.00	16%	9600.00	
合　计					¥60000.00		¥9600.00	
价税合计（大写）	⊗陆万玖仟陆佰元整				（小写）	¥69600.00		
销售方	名　　称：山东万华集团 纳税人识别号：913706003336688894 地址、电话：烟台市幸福路28号 053567079812 开户行及账号：中国工商银行烟台分行 1201502297243464962				备注			

收款人：　　复核：　　开票人：刘海　　销售方：（章）

山东万华集团 913706003336688894 发票专用章

第三联：发票联　购买方记账凭证

17－3

交通银行业务回单

2018年 12月 17日　　凭证编号：05690901

付款人	全　称	北京化工有限公司	收款人	全　称	山东万华集团
	账　号	020000100901213644121		账　号	1201502297243464962
	开户行	交通银行北京分行		开户行	中国工商银行烟台分行
大写金额	人民币（大写）陆万玖仟陆佰元整		十亿千百十万千百十元角分		¥ 6 9 6 0 0 0 0
用途	货款				
备注	业务种类		开户行盖章		
	原凭证种类				
	原凭证号码				
	原凭证金额		2018 年 12 月 17日		

交通银行北京分行 2018.12.17 转讫 (01)

18－1

报　销　单

填报日期：2018 年 12　月 18　日　　单据及附件共 1　张

姓名	王靓瑛	所属部门	办公室	报销形式	现金
				支票号码	
报销项目	摘　　要	金　　额	备注：		
通信费	电话费（13559622754）	¥69.37			
合　　计		¥69.37			
金额大写：零 拾零 万零 仟零 佰陆 拾玖 元叁 角柒 分		原借款：0.00 元	应退(补)款：¥69.37元		

现金付讫

总经理：王靓瑛　　财务经理：郑锴　　部门经理：张利　　会计：崔亮　　出纳：张俊　　报销人：王靓瑛

18－2

1100062650　北京增值税普通发票　№ 30961856

1100062650
30961856

校验码 23847 82204 20487 28473　　开票日期：2018年12月10日

购买方	名称：北京化工有限公司 纳税人识别号：911101085905444591 地址、电话：北京海淀区西苑三里08号 01083847491 开户行及账号：交通银行北京分行 020000100901213644121	密码区	03*3187<4/+8490<+95-59+7<243 4987<0-->>-6>525<693719->7*7 87*3187<4/+8490<+95708681380 9<712/<1+9016>6906++>84>93/-

货物或应税劳务、服务名称	规格型号	单位	数量	单价	金额	税率	税额
电信基础服务					63.06	10%	6.31
合计					¥63.06		¥6.31
价税合计（大写）	⊗陆拾玖元叁角柒分				（小写）¥69.37		

销售方	名称：中国电信股份有限公司北京分公司 纳税人识别号：911101058622962958 地址、电话：北京市朝阳区松庄路026号 01084657897 开户行及账号：中国工商银行北京朝阳支行 41008888000986990782	备注	中国电信股份有限公司北京分公司 911101058622962958 发票专用章

收款人：　复核：　开票人：王芳　销售方：（章）

第二联：发票联　购买方记账凭证

19－1

交通银行 进账单（回　单）　1

2018年　12月　19日

出票人	全称	北京化工有限公司	收款人	全称	中国石化股份有限公司北京分公司
	账号	020000100901213644121		账号	410000008000986988669
	开户银行	交通银行北京分行		开户银行	中国工商银行北京朝阳支行
金额	人民币（大写）	贰仟壹佰捌拾壹元壹角玖分			

亿	千	百	十	万	千	百	十	元	角	分
					¥	2	1	8	1	1	9

票据种类	转账支票	票据张数	1
票据号码	23909020		

交通银行北京分行 2018.12.19 转讫（01）

复核　　记账　　开户银行签章

此联是开户银行交给持票人的回单

19－2

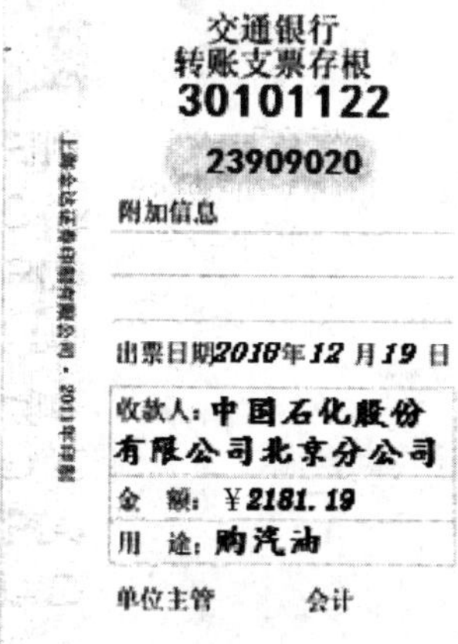

交通银行
转账支票存根
30101122
23909020

附加信息

出票日期 2018年 12 月 19 日

收款人：中国石化股份有限公司北京分公司

金　额：¥2181.19

用　途：购汽油

单位主管　　会计

19－3

1100062650　北京增值税普通发票　1100062650　30961856

№ 30961856

校验码 28374 84727 28374 9283　开票日期：2018年12月19日

购买方	名称：北京化工有限公司 纳税人识别号：91110108590544591 地址、电话：北京海淀区西苑三里08号 01083847491 开户行及账号：交通银行北京分行 020000100901213644121	密码区	03*3187<4/+8490<+95-59+7<243 4987<0-->>-6>525<693719->?*7 87*3187<4/+8490<+95708681380 9<712/<1+9016>6906++>84>93/-

货物或应税劳务、服务名称	规格型号	单位	数量	单价	金额	税率	税额
汽油		升	300	6.2678	1880.34	16%	300.85
合计					¥1880.34		¥300.85
价税合计（大写）	⊗贰仟壹佰捌拾壹元壹角玖分				（小写）¥2181.19		

销售方	名称：中国石化股份有限公司北京分公司 纳税人识别号：911101058625776534 地址、电话：北京市朝阳区宋庄路06号 01084656788 开户行及账号：中国工商银行北京朝阳支行 4100888800098698669	备注	911101058625776534 发票专用章

收款人：　复核：　开票人：张芳　销售方：（章）

第二联：发票联　购买方记账凭证

19－4

报销单

填报日期：2018年12月19日　单据及附件共3张

姓名	张云迪	所属部门	销售部	报销形式	银行转账	
				支票号码		
报销项目		摘要		金额		备注：
汽油费		转账付讫		2181.19		
合计				¥2181.19		
金额大写：零拾零万贰仟壹佰捌拾壹元壹角玖分				原借款：　元		应退(补)款：¥2181.19元

总经理：王靓瑛　财务经理：郑镭　部门经理：张杨　会计：崔亮　出纳：李芸　报销人：张云迪

20－1

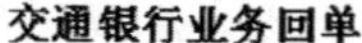

交通银行业务回单

2018年12月19日　凭证编号：30127210

付款人	全称	济南市中福公司	收款人	全称	北京化工有限公司
	账号	4024521362645868664		账号	020000100901213644121
	开户行	中国工商银行济南分行		开户行	交通银行北京分行
大写金额	人民币（大写）肆万陆仟肆佰元整				亿千百十万千百十元角分 ¥ 4 6 4 0 0 0 0
用途	货款				
备注	业务种类				
	原凭证种类				
	原凭证号码				
	原凭证金额				

交通银行北京分行 2018.12.19 转讫（银行盖章）

2018年12月19日

20－2

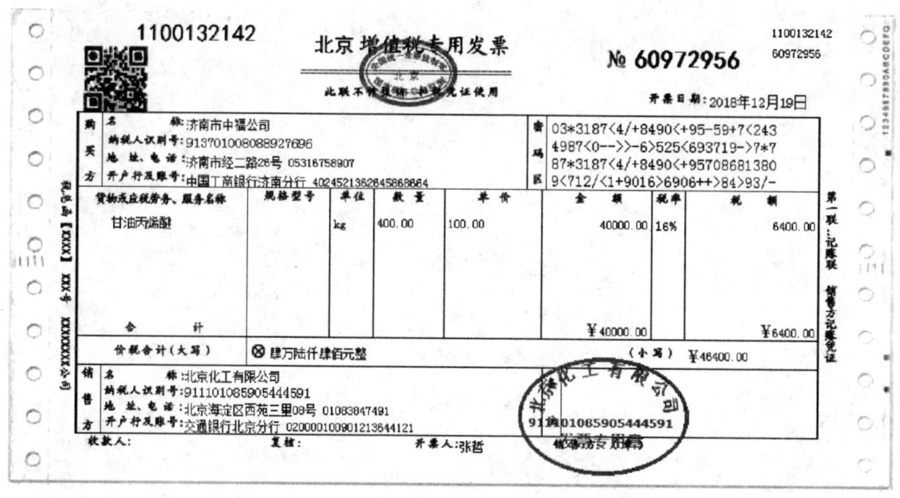

1100132142

北京增值税专用发票

此联不作报销、扣税凭证使用

№ 60972956

1100132142
60972956

开票日期：2018年12月19日

购买方	名称：济南市中福公司 纳税人识别号：913701008088927696 地址、电话：济南市经二路26号 05316758907 开户行及账号：中国工商银行济南分行 4024521362645868664	密码区	03*3187<4/+8490<+95-59+7<243 4987<0-->>-6>525<693719->7*7 87*3187<4/+8490<+95708681380 9<712/<1+9016>6906++>84>93/-

货物或应税劳务、服务名称	规格型号	单位	数量	单价	金额	税率	税额
甘油丙烯醚		kg	400.00	100.00	40000.00	16%	6400.00
合计					¥40000.00		¥6400.00
价税合计（大写）	⊗肆万陆仟肆佰元整				（小写） ¥46400.00		

销售方	名称：北京化工有限公司 纳税人识别号：91110108590544459 地址、电话：北京海淀区西苑三里08号 01083847491 开户行及账号：交通银行北京分行 020000100901213644121	备注	91110108590544459 发票专用章

收款人：　　复核：　　开票人：张哲　　销售方：（章）

第一联：记账联　销售方记账凭证

20－3

销售单

购货单位：济南市中福公司　　地址和电话：济南市经二路26号 05316758907　　单据编号：501126007

纳税识别号：913701008088927696　　开户行及账号：中国工商银行济南分行 4024521362645868664　　制单日期：2018年12月19日

编码	产品名称	规格	单位	单价	数量	金额	备注
12	甘油丙烯醚		kg	100.00	400.00	40000.00	不含税价
合计	人民币（大写）：肆万元整					¥40000.00	

会计联

总经理：王锐联　　销售经理：李晓明　　经手人：林丽琴　　会计：张哲　　签收人：张远

21－1

交通银行 进账单 （回　单） 1

2018年　12月　20日

出票人	全称	北京化工有限公司	收款人	全称	北京化工有限公司
	账号	020000100901213644121		账号	020000100901213644123
	开户银行	交通银行北京分行		开户银行	交通银行北京分行
金额	人民币（大写）	肆万壹仟陆佰壹拾伍元整		亿千百十万千百十元角分	¥ 4 1 6 1 5 0 0
票据种类	转账支票	票据张数	1		
票据号码	23909021				
	复核　记账				开户银行签章

交通银行北京分行 2018.12.20 转讫 (01)

此联是开户银行交给持票人的回单

21－2

交通银行
转账支票存根
30101122
23909021
附加信息

出票日期2018年12月20日
收款人：北京化工有限公司
金　额：￥41615.00
用　途：归还短期借款
单位主管　　　会计

21－3

交通银行计付贷款利息清单

日期：2018年12月20日

单位名称：北京化工有限公司					
清算账号：11050100585			存款账号：020000100901213644121		
编号	计息类型	计息起讫日期	计息积数	利率	利息金额
002345	普通积数	2018-09-21--2018-12-20	41,000.00	6%	615.00
金额合计：人民币陆佰壹拾伍元整			金额合计大写：￥615.00		
摘要：					

交通银行北京分行 2016.12.20 转讫 (01)

打印时间：20181220

22－1

1100132142　北京增值税专用发票　№ 60972957

此联不作报销、扣税凭证使用

开票日期：2018年12月21日

购买方	名称：北京百货公司 纳税人识别号：911101088333899998 地址、电话：北京中关村南大街24号 01083951712 开户行及账号：交通银行北京分行 670200001009014126778					密码区	03*3187<4/+8490<+95-59+7<243 4987<0-->>-6>525<693719->7*7 87*3187<4/+8490<+95708681380 9<712/<1+9016>6906++>84>93/-
货物或应税劳务、服务名称	规格型号	单位	数量	单价	金额	税率	税额
二丙烯基醚		千克	150.00	200.00	30000.00	16%	4800.00
合计					￥30000.00		￥4800.00
价税合计（大写）	⊗叁万肆仟捌佰元整				（小写）￥34800.00		
销售方	名称：北京化工有限公司 纳税人识别号：911101085905444591 地址、电话：北京海淀区西苑三里08号 01083847491 开户行及账号：交通银行北京分行 020000100901213644121					备注	

收款人：　　复核：　　开票人：张哲　　销售方：（章）

第一联：记账联　销售方记账凭证

北京化工有限公司 911101085905444591 发票专用章

22－2

销售单

购货单位：北京百货公司　　地址和电话：北京中关村南大街24号 01083951712　　单据编号：S01126008

纳税识别号：911101088333899998　　开户行及账号：交通银行北京分行 670200001009014126778　　制单日期：2018年12月21日

编码	产品名称	规格	单位	单价	数量	金额	备注
13	二丙烯基醚		kg	200.00	150.00	30000.00	不含税价
合计	人民币（大写）：叁万元整					¥30000.00	

会计联

总经理：王靓瑛　　销售经理：李晓明　　经手人：林丽琴　　会计：张智　　签收人：张远

23－1

1100132611　　北京 增值税普通发票　　№ 30961813　　1100132611 30961813

校验码 11001 63563 83257 34632　　开票日期：2018年12月22日

购买方　名称：北京化工有限公司
纳税人识别号：911101085905444591
地址、电话：北京海淀区西苑三里08号 01083847491
开户行及账号：交通银行北京分行 020000100901213644121

密码区
03*3187<4/+8490<+95-59+7<243
4987<0-->>-6>525<693719->7*7
87*3187<4/+8490<+95708681380
9<712/<1+9016>6906++>84>93/-

货物或应税劳务、服务名称	规格型号	单位	数量	单价	金额	税率	税额
车床		台	1.00	2222.22	2222.22	16%	355.56
合计					¥2222.22		¥355.56
价税合计（大写）	⊗贰仟伍佰柒拾柒元柒角捌分			（小写）	¥2577.78		

销售方　名称：北京极光工业公司
纳税人识别号：911101085008932446
地址、电话：北京海淀区学院路109号 01083827766
开户行及账号：中国银行海淀支行 450270000045009502

备注　北京极光工业公司 911101085008932446 发票专用章

收款人：　　复核：　　开票人：刘凯　　销售方：（章）

第二联：发票联 购买方记账凭证

23－2

固定资产验收单

2018年 12月 22日　　编号：23009

名称	规格型号		来源	数量	购（造）价	使用年限	预计残值
车床			接受捐赠	1	2577.78	5	0
安装费	月折旧率		建造单位		交工日期	附件	
0	1.67%		北京极光工业公司		2018年 12月 22日		
验收部门	刘丽	验收人员	官强	管理部门	梁超	管理人员	王菲
备注							

审核：梁明明　　制单：崔亮

24－1

交通银行 进账单（回 单） 1

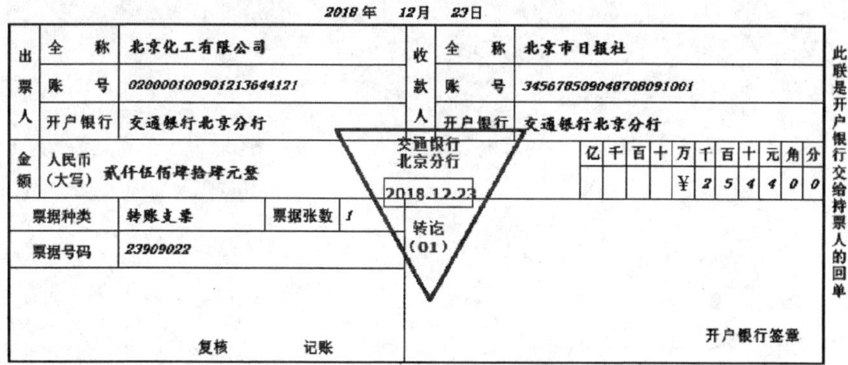

2018年 12月 23日

出票人	全 称	北京化工有限公司	收款人	全 称	北京市日报社
	账 号	0200001009012136441 21		账 号	34567850904870809100 1
	开户银行	交通银行北京分行		开户银行	交通银行北京分行
金额	人民币（大写）	贰仟伍佰肆拾肆元整		亿千百十万千百十元角分	¥ 2 5 4 4 0 0
票据种类	转账支票	票据张数 1			
票据号码	23909022				
	复核 记账			开户银行签章	

交通银行北京分行 2018.12.23 转讫（01）

此联是开户银行交给持票人的回单

24－2

交通银行
转账支票存根
30101122
23909022

附加信息

出票日期2018年12月23日

收款人：北京市日报社

金 额：¥2544.00

用 途：广告费

单位主管 会计

上海金达证券印刷有限公司·2011年印制

24－3

1100131142 北京增值税专用发票 № 60979456

1100131142
60979456

开票日期：2018年12月23日

购买方	名 称：北京化工有限公司 纳税人识别号：911101085905444591 地 址、电 话：北京海淀区西苑三里08号01063847491 开户行及账号：交通银行北京分行0200001009012136441 21	密码区	03*3187<4/+8490<+95-59+7<243 4987<0—>>-6>525<693719->7*7 87*3187<4/+8490<+95708681380 9<712/<1+9016>6906++>84>93/-

货物或应税劳务、服务名称	规格型号	单位	数量	单价	金额	税率	税额
广告费					2400.00	6%	144.00
合 计					¥2400.00		¥144.00
价税合计（大写）	⊗贰仟伍佰肆拾肆元整				（小写） ¥2544.00		

销售方	名 称：北京市日报社 纳税人识别号：911101087342137952 地 址、电 话：北京市海淀区郑宁路22号 01080845870 开户行及账号：交通银行北京分行34567850904870809100 1	备注	北京市日报社 911101087342137952 发票专用章

收款人： 复核： 开票人：陈艳 销售方：（章）

第三联：发票联 购买方记账凭证

25 －1

交通银行业务回单

2018年 12月 28日　　　　凭证编号：32117512

付款人	全称	济南市中福公司	收款人	全称	北京化工有限公司
	账号	4024521362645868664		账号	020000100901213644121
	开户行	中国工商银行济南分行		开户行	交通银行北京分行
大写金额	人民币（大写）贰万叁仟贰佰元整			千百十万千百十元角分	￥2320000
用途	材料款				
备注	业务种类				
	原凭证种类				
	原凭证号码				
	原凭证金额				

交通银行北京分行 2018.12.28 转讫 开户行盖章

2018 年 12 月 28日

25 －2

1100132142　　北京增值税专用发票　　№ 60972958　　1100132142 60972958

此联不作报销、扣税凭证使用　　开票日期：2018年12月28日

购买方	名称：济南市中福公司 纳税人识别号：913701008088927696 地址、电话：济南市经二路26号 05316758907 开户行及账号：中国工商银行济南分行 4024521362645868664				密码区	03*3187<4/+8490<+95-59+7<243 4987<0-->>-6>525<693719->7*7 87*3187<4/+8490<+95708681380 9<712/<1+9016>6906++>84>93/-	
货物或应税劳务、服务名称	规格型号	单位	数量	单价	金额	税率	税额
二丙烯基醚		kg	100.00	200.00	20000.00	16%	3200.00
合计					￥20000.00		￥3200.00
价税合计（大写）	⊗贰万叁仟贰佰元整				（小写）￥23200.00		
销售方	名称：北京化工有限公司 纳税人识别号：911101085905444591 地址、电话：北京海淀区西苑三里08号 01083847491 开户行及账号：交通银行北京分行 020000100901213644121				备注	北京化工有限公司 911101085905444591 发票专用章	

收款人：　　复核：　　开票人：张哲　　销售方：（章）

第一联：记账联　销售方记账凭证

25 －3

销售单

购货单位：济南市中福公司　　地址和电话：济南经二路26号 05316758907　　单据编号：501126009

纳税识别号：913701008088927696　　开户行及账号：中国工商银行济南分行 4024521362645868664　　制单日期：2018年12月28日

编码	产品名称	规格	单位	单价	数量	金额	备注
14	二丙烯基醚		kg	200.00	100.00	20000.00	不含税价
合计	人民币（大写）：贰万元整					￥20000.00	

总经理：王靓瑛　　销售经理：李晓明　　经手人：林丽琴　　会计：张哲　　签收人：张远

会计联

26－1

关于王浩赔偿损失及责任人确认的处理结果

由于王浩工作失职造成2018年11月公司丙酮损失11.60千克，价值人民币伍佰捌拾元整（￥580.00），经研究决定由王浩个人赔偿。

批准人：李卫明

日期：2018年12月29日

27－1

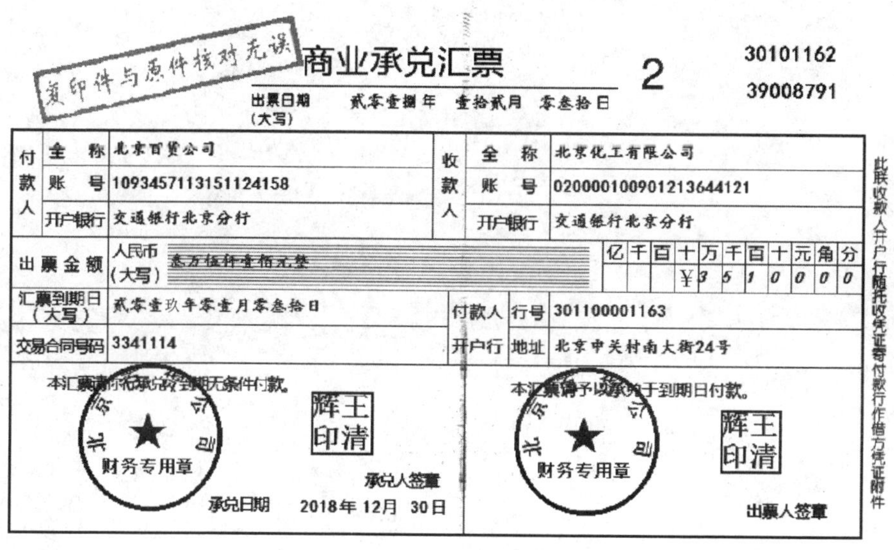

商业承兑汇票　2

30101162
39008791

出票日期（大写）　贰零壹捌年　壹拾贰月　零叁拾日

付款人	全　称	北京百货公司	收款人	全　称	北京化工有限公司
	账　号	1093457113151124158		账　号	0200001009012136444121
	开户银行	交通银行北京分行		开户银行	交通银行北京分行

出票金额	人民币（大写）	亿	千	百	十	万	千	百	十	元	角	分
	叁万伍仟壹佰元整				￥	3	5	1	0	0	0	0

汇票到期日（大写）	贰零壹玖年零壹月零叁拾日	付款人开户行	行号	301100001163
交易合同号码	3341114		地址	北京中关村南大街24号

本汇票请你行承兑，到期无条件付款。

承兑人签章
承兑日期　2018年12月30日

本汇票请予以承兑于到期日付款。

出票人签章

此联收款人开户行随托收凭证寄付款行作借方凭证附件

28－1

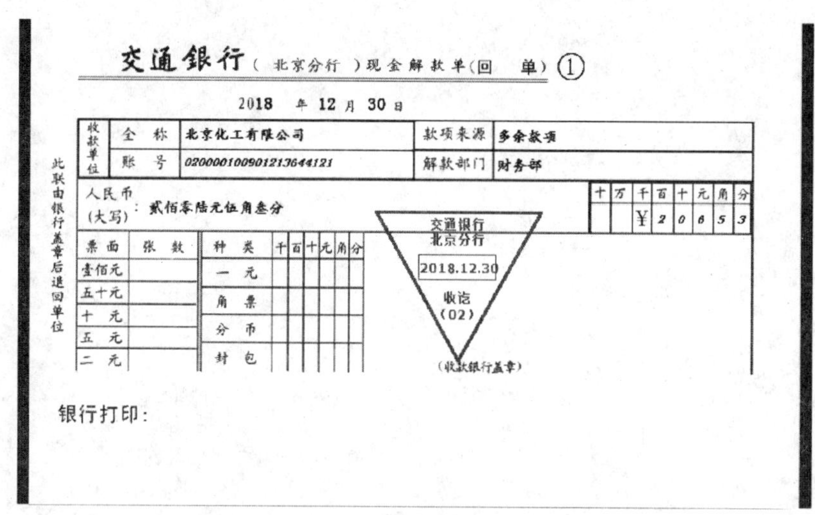

交通银行（北京分行）现金解款单（回单）①

2018 年 12 月 30 日

收款单位	全称	北京化工有限公司	款项来源	多余款项
	账号	0200001009012136644121	解款部门	财务部
人民币（大写）：贰佰零陆元伍角叁分				¥20653

票面	张数	种类	千	百	十	元	角	分
壹佰元		一元						
五十元		角票						
十元		分币						
五元		封包						
二元								

银行打印：

29－1

交通银行计付存款利息清单

日期：2018年 12月 31日

单位名称：北京化工有限公司

清算账号：0200001009012136644121　　存款账号：185775010400050987476

编号	计息类型	计息起讫日期	计息积数	利率	利息金额
005234	普通积数	2018-09-21--2018-12-20	1,697,142.80	0.35%	1485.00

金额合计：人民币壹仟肆佰捌拾伍元整　　金额合计大写：¥1485.00

摘要：

打印时间：20181231

（印章：交通银行 北京分行 2018.12.31 转讫 (01)）

30－1

折旧费计提表

2018 年 12 月　　单位：元

使用部门	固定资产类别					金　额
	建筑物	办公设备	机器设备	其他设备	运输工具	
管理部门		1000.00				1000.00
生产车间			50000.00			50000.00
合计		¥1000.00	¥50000.00			¥51000.00

审核：梁明明　　制单：崔亮

31－1

职工工资分配表

编制单位：北京化工有限公司　　　　2018年12月　　　　单位：元

部门	分配对象	分配工时	分配率	分配金额
生产部门	二丙烯基醚	1824	22.781	41552.54
生产部门	甘油丙烯醚	1976	22.781	45015.26
合计		3800		86567.80
生产管理部门				8408.40
管理部门				10910.10
销售部门				2500.00
合计				108386.30

32－1

转出未交增值税计算表

2018年12月31日　　　　单位：元

项目	进项税额	销项税额	本月未交增值税额
金额	14261.27	15300.00	1038.73
合计	14261.27	15300.00	1038.73

制表：崔宾　　　　复核：肖

33－1

领　料　单

领料部门：生产车间

用　途：二丙烯基醚　　　　2018 年 12 月 02 日　　　　12 第　001 号

材料			单位	数量		成本									
						单价	总价								
编号	名称	规格		请领	实发		百	十	万	千	百	十	元	角	分
01	丙酮		千克	2000	2000										
02	乙烯		千克	2000	2000										
合计															

会计联

部门经理：郑镭　　会计：张哲　　仓库：由嘉　　经办人：于军

33－2

领　料　单

领料部门：生产车间

用　途：甘油丙烯醚　　　　2018 年 12 月 02 日　　　　12 第　002 号

材料			单位	数量		成本									
						单价	总价								
编号	名称	规格		请领	实发		百	十	万	千	百	十	元	角	分
01	丙酮		千克	2000	2000										
合计															

会计联

部门经理：郑镭　　会计：张哲　　仓库：由嘉　　经办人：于军

33 －3

领 料 单

领料部门：生产车间
用　途：二丙烯基醚　　　　2018 年 12 月 10 日　　　　12 第 003 号

材料			单位	数量		成本									
						单价	总价								
编号	名称	规格		请领	实发		百	十	万	千	百	十	元	角	分
02	乙烯		千克	1500	1500										
合计															

会计联

部门经理：郑镭　　会计：张哲　　仓库：由嘉　　经办人：于军

33 －4

材料领用成本计算单

制表：北京化工有限公司　　2018年12月31日　　单位：元

原材料名称	期初结存数量	本期采购数量	本期生产领用数量	期末结存数量	单位成本（加权）	本期生产领用金额	期末结存金额
丙酮	4820	460.8548	4000	1280.8548	50.00	200000.00	64042.74
乙烯	3600	2000	3500	2100	30.00	105000.00	63000.00
合计						305000.00	127042.74

审核：郑镭　　制单：张哲

33 －5

原材料分配表

2018年12月

产品	丙酮		乙烯	
	数量（千克）	金额（元）	数量（千克）	金额（元）
二丙烯基醚	2000.00	100000.00	3500	105000.00
甘油丙烯醚	2000.00	100000.00		
合计	4000.00	200000.00	3500	105000.00

34 －1

制造费用分配表

编制单位：北京化工有限公司　　2018年12月　　单位：元

产品名称	分配标准（工时）	分配率	分配金额
二丙烯基醚	2400	11.68168	28036.03
甘油丙烯醚	2600	11.68168	30372.37
合计	5000		58408.40

制表：王元

34 －2

制造费用明细表

2018年12月　　**单位：元**

费用项目	金额
折旧费	50000.00
工资	8408.40
合计	58408.40

35－1

入　库　单

2018 年　12 月　31 日　　　　单号 58470547

交来单位及部门	北京化工有限公司	发票号码或生产单号码		验收仓库	第七仓库	入库日期	2018.12.31			
编号	名称及规格	单位	数量		实际价格		计划价格		价格差异	
			交库	实收	单价	金额	单价	金额		
01	二丙烯基醚	千克	2702	2702						
02	甘油丙烯醚	千克	1488	1488						
合　计										

会计联

部门经理：　　　会计：　　　仓库：刘林　　　经办人：王涛

35－2

产品成本计算单

产品：二丙烯基醚　　　2018年12月31日

基本生产成本明细项目	月初在产品成本/元	本月发生费用/元	生产费用合计/元	期末在产品数量/千克	完工产品产量/千克	完工产品总成本/元	单位成本/元	期末在产品成本/元
直接材料	27314.25	205000.00	232314.25	394	2702	202758.08	75.04	29556.17
直接人工	6934.79	41552.54	48487.33	394	2702	42313.32	15.66	6174.01
制造费用	766.19	28036.03	28802.22	394	2702	25128.60	9.30	3673.62
金额合计	35015.23	274588.57	309603.80			270200.00	100.00	39403.80

审核：郑福　　　　制单：崔亮

35－3

产品成本计算单

产品：甘油丙烯醚　　　2018年12月31日

基本生产成本明细项目	月初在产品成本/元	本月发生费用/元	生产费用合计/元	期末在产品数量/千克	完工产品产量/千克	完工产品总成本/元	单位成本/元	期末在产品成本/元
直接材料	2534.56	100000.00	102534.56	2100	1488	42527.04	28.58	60007.52
直接人工	869.52	45015.26	45884.78	2100	1488	19031.52	12.79	26853.26
制造费用	580.69	30372.37	30953.06	2100	1488	12841.44	8.63	18111.62
金额合计	3984.77	175387.63	179372.40			74400.00	50.00	104972.40

审核：郑福　　　　制单：崔亮

36－1

出　库　单

出货单位：
北京化工有限公司　　　2018 年　12月　19日　　　单号：T131201

提货单位或领货部门	发运部门	销售单号	SO1126007	发出仓库	第一仓库	出库日期	2018.12.19
编号	名称及规格	单位	数量		单价	金额	
			应发	实发			
02	甘油丙烯醚	千克	400.00	400.00			
合　计							

会计联

部门经理：王靓瑛　　　会计：吴凯　　　仓库：戴小华　　　经办人：陈伟

36－2

出 库 单

出货单位：
北京化工有限公司　　2018 年 12月 21日　　单号：T131202

提货单位或领货部门	发运部门	销售单号	SO1126008	发出仓库	第二仓库	出库日期	2018.12.21

编号	名称及规格	单位	数量		单价	金额
			应发	实发		
01	二丙烯基醚	千克	150.00	150.00		
合计						

会计联

部门经理：王靓瑛　　会计：吴凯　　仓库：刘林　　经办人：陈伟

36－3

出 库 单

出货单位：
北京化工有限公司　　2018 年 12月 28日　　单号：T131203

提货单位或领货部门	发运部门	销售单号	SO1126009	发出仓库	第二仓库	出库日期	2018.12.28

编号	名称及规格	单位	数量		单价	金额
			应发	实发		
01	二丙烯基醚	千克	100	100		
合计						

会计联

部门经理：王靓瑛　　会计：吴凯　　仓库：王磊　　经办人：陈伟

36－4

销售成本计算表

制表：北京化工有限公司　　2018年12月31日

产品	期初结存数量/千克	本期完工产量/千克	本期销售数量/千克	期末结存数量/千克	期初结存成本/元	完工产品成本/元	单位成本（加权）/元	本期销售成本/元	期末结存成本/元
二丙烯基醚	90	2702	250	2542	9000.00	270200.00	100.00	25000.00	254200.00
甘油丙烯醚	150	1488	400	1238	7500.00	74400.00	50.00	20000.00	61900.00
合计					16500.00	344600.00		45000.00	316100.00

审核：郑锘　　制单：吴凯

参 考 文 献

[1] 任延东. 新编会计综合实训 [M]. 大连：大连理工大学出版社，2017.

[2] 王荣光、王许寨. 基础会计实训 [M]. 北京：中国财政经济出版社，2016.

[3] 何日胜. 手工会计 [M]. 北京：清华大学出版社，2017.

[4] 李雪. 会计综合模拟实验 [M]. 北京：中国财政经济出版社，2018.

[5] 王炜. 基础会计 [M]. 北京：高等教育出版社，2018.

[6] 网中网公司. 基础会计实训平台. 厦门，2018.